JN024122

all about
KASHIWA SATO>>

CCCメディアハウス

改訂版によせて

佐藤可士和

雑誌「Ｐｅｎ」で、初めて僕の特集を組んでいただいたのが２００６年。その後、「Ｐｅｎ Ｂｏｏｋｓ」として単行本化、さらに２０１０年には増補新装版を出版していただきました。それから10年、今回新たに全面的な改訂の運びとなったのはうれしい限りです。

この10年間を振り返ると、僕の仕事にはかなり変化がありました。ひと言でいえば、デザインの領域がどんどん広がっていったのです。博報堂時代の広告の仕事から、独立後はプロダクトや空間などへと幅が広がり、ここ10年は企業経営の領域にまで深く入り込んでいくことが増えました。ビジネスとクリエイティブを融合させ、経営にデザインを戦略的に取り込んでいく。そうした企業ブランディングが、仕事のほとんどを占めるようになりました。ユニクロや楽天のプロジェクトは、その先駆けです。

２０１６年からは、SAMURAIに建築家がメンバーとして加わり、本格的に空間デザインを手がけられるようになりました。それまでも外部の素晴らしい建築家やインテリアデザイナーの方々との協働はありましたが、インハウスで行うと毎日がトライ&エラーの連続であり、新しい考え方が生まれる土壌を育むのです。グラフィックから空間、各種コミュニケーションまで、ブランディング全体を一貫してSAMURAIで行えるようになったのは大きな進化だと思います。

近年では、団地の再活性プロジェクトを始め、公共性の高い仕事も増えてきました。一企業の課題を超えた取り組みに挑むことで、社会に向けての視点が開かれたと感じています。

ここ何年かで、デザインに対する社会の認識も確実に変わってきました。２０１６年に文化庁の文化交流使に指名されたことや、２０２１年の国立新美術館での個展開催依頼などは、デザインがひとつの文化として捉えてもらえるようになった証として、とても光栄に思っています。本書を手に取ってくださった方が、僕の仕事を通じて、デザインのもつ力と可能性を感じ取っていただければ幸いです。

目次

新1冊まるごと佐藤可士和。[2000-2020]

本書は、2010年7月に当社より刊行した『PenBooks 1冊まるごと佐藤可士和。[2000-2010]』の増補新装版です。

「佐藤可士和」は、どのように作られたのか。

30年の活動を再編集、佐藤可士和展

デザインで社会に貢献する、未来へのプロジェクト

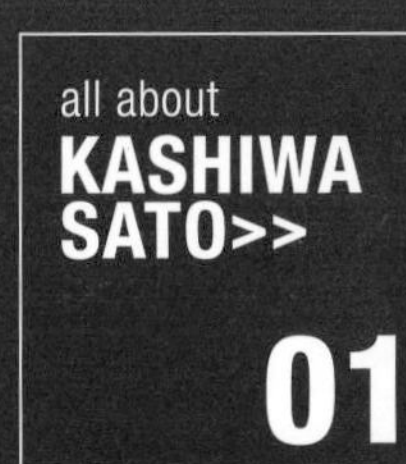

話題の大プロジェクト、すべて見せます。

PROJECT 01 >> ユニクロ UNIQLO

世界に挑む日本発ブランドを、力強くアピール

今や世界的なブランドとなったユニクロ。その快進撃は、2006年に社長の柳井正がSAMURAIを訪れたことから始まった。ニューヨークにオープン予定のグローバル旗艦店のディレクションを依頼するためだ。日本代表として世界戦略を担うというミッションに奮起した佐藤は、1年未満という短い準備期間の中、全力投球でプロジェクトに臨んだ。

まずは、高品質で低価格というユニクロ製品の特徴や「服は服装の部品である」という会社のポリシーから、「美意識ある超合理性」というコンセプトを導き出し、ロゴやウェブサイト、店舗空間の表現のベースとした。カタカナとアルファベット両方のロゴは、合理性に通じるミニマル、かつ力強いアイコンだ。

「特にカタカナは〝日本発〟を訴求するためのキービジュアル。無機質でポップな今の日本の象徴としてのインパクトを狙いました」

さらに、インテリアデザイナーの片山正通、ウェブデザイナーの中村勇吾をはじめとしたトップクリエイターたちによるチームを結成。ソーホーに完成した店舗は、壁一面をTシャツで埋め尽くし、カシミアセーターを天井まで美しく積み上げるなど、商品自体を整然としたインテリアにするという大胆さで、ニューヨーカーを魅了した。

日本ブランドの矜持を遺憾なく見せつけたニューヨーク旗艦店。一大プロジェクトの成功を皮切りに、佐藤とユニクロとの終わりなき挑戦の日々が始まった。

2006年11月にオープンした「ニューヨーク ソーホー店」。世界トップクラスのブランドが集まるソーホー地区で、カタカナのロゴは強烈な存在感を放った。ロゴの色も、落ち着いたえんじ色だったのを創業時のコーポレートカラーに戻したことで、ピュアな赤色のもつ強さとユニクロの本質がリンクした。

ユニ
クロ
BANANA REPUBLIC
WOMEN
NYC
Proud to be a New Yorker
NYCvisit.com
TOKYO TO NEW YORK
FROM TOKYO TO NEW YORK

UNIQLO

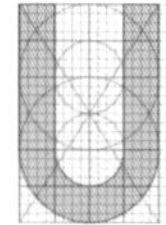
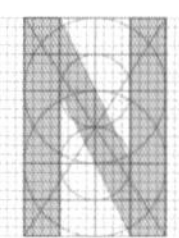
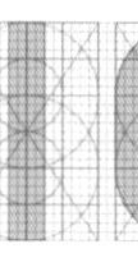

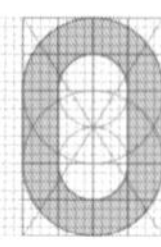

ABCDEFGHIJKLMNOPQRSTUVWXYZ

abcdefghijklmnopqrstuvwxyz

0123456789/@$%#!?&()[]'"'"".,:;−+_*

UNI
QLO

UNIQLO Soho NY
546 Broadway, New York, NY 10012
http://www.uniqlo.com

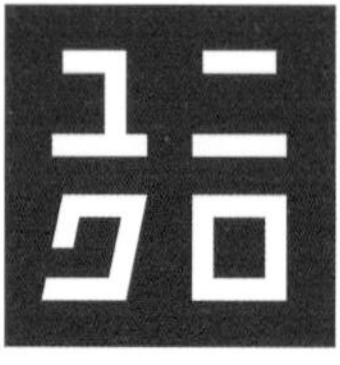

UNIQLO Soho NY
546 Broadway, New York, NY 10012
http://www.uniqlo.com

UNIQLO Soho NY
546 Broadway, New York, NY 10012
http://www.uniqlo.com

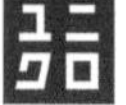

UNIQLO Soho NY
546 Broadway, New York, NY 10012
http://www.uniqlo.com

UNIQLO Soho NY http://www.uniqlo.com
546 Broadway, New York, NY 10012

UNIQLO Soho NY http://www.uniqlo.com
546 Broadway, New York, NY 10012

UNIQLO Soho NY
546 Broadway,
New York, NY 10012
http://www.uniqlo.com

UNIQLO Soho NY
546 Broadway,
New York, NY 10012
http://www.uniqlo.com

UNIQLO Soho NY
546 Broadway,
New York, NY 10012

UNIQLO Soho NY
546 Broadway,
New York, NY 10012

ニュアンスを排除した、骨格だけのタイポグラフィ。このうえなくシンプルな字体も、「美意識ある超合理性」のもとに、緻密な設計図に基づいてつくられたもの。店名だけでなく、すべての文字を網羅した「ユニクロ書体」だ。

ロゴと文字の組み合わせで、イメージは無限大に広がる。写真のショッピングバッグのほか、様々なグッズにデザイン展開した。「SPRZ NY」は、MoMAとコラボレーションしたプロジェクト。

「ソーホー ニューヨーク店」のオープン時、ニューヨークの街角にはユニクロ・ロゴがちりばめられた。上は、ソーホー店の工事中の仮囲い。ロゴをプリントしたユニクロ・タクシーも出没し、道行く人々に相当のインパクトを与えた。

2006年11月のソーホー店、2007年11月の「ロンドン 311 オックスフォードストリート店」に続き、2009年10月には3店目のグローバル旗艦店である「パリ オペラ店」がオープン。パリジャンたちにも「東京発」を強く印象づけた。

クリエイティブの力を、経営戦略に投入。

「世界一のTシャツブランドをつくりたい」という柳井の依頼から生まれたTシャツブランド「UT」。2007年にオープンした原宿のフラッグシップショップ「UTストア」では、店内をコンビニに見立てて、Tシャツをボトルパッケージで販売し、大反響を呼んだ。「ヒートテック」や「＋J」のロゴも佐藤が手掛けている。

「ユニクロのあるべき姿を提示してほしい」

最初の出会いで柳井にこう言われて以来、佐藤はグローバル旗艦店を始め、Tシャツに特化した「UTストア」、ジル・サンダーと組んだ「＋J」など、次々と新しい業態やブランドを打ち出してきた。その仕事は、一般的なクリエイティブディレクションの枠を超え、ビジネスの領域へと突入。経営とクリエイティブを直結させ、経営陣とともにユニクロの進むべき方向性を導き出すという壮大なミッションを担っている。

「経営戦略に携わる中で増えてきたのは、方向性の指針となる〝概念のデザイン〟。中でも、柳井さんを含めたチームで編み出した〝LifeWear〟という概念は、いちばんの成果だと思います」

LifeWearとは、ユニクロが目指す「人々の生活をより豊かに、より快適にする究極の普段着」を、新たなカテゴリーの服として定義づけた言葉だ。この言葉を基点に、商品開発や店舗展開など、あらゆる活動がクリアな視点で進められていった。

2020年には、日本に3つの大型店舗がオープン。佐藤は画期的なアプローチで、実店舗に足を運ぶ楽しさをデザインした。とりわけ、横浜郊外の「ユニクロPARK横浜ベイサイド店」は、屋根面に巨大なすべり台やボルダリングウォールがある公園一体型店舗。地域に開かれた〝遊べるユニクロ〟であり、「そこに行くことが目的となる『ディスティネーションストア』という、新たな業態を開発できました」。

常に時代性を捉えて進化するユニクロとともに、佐藤のクリエイティビティも進化し続けている。

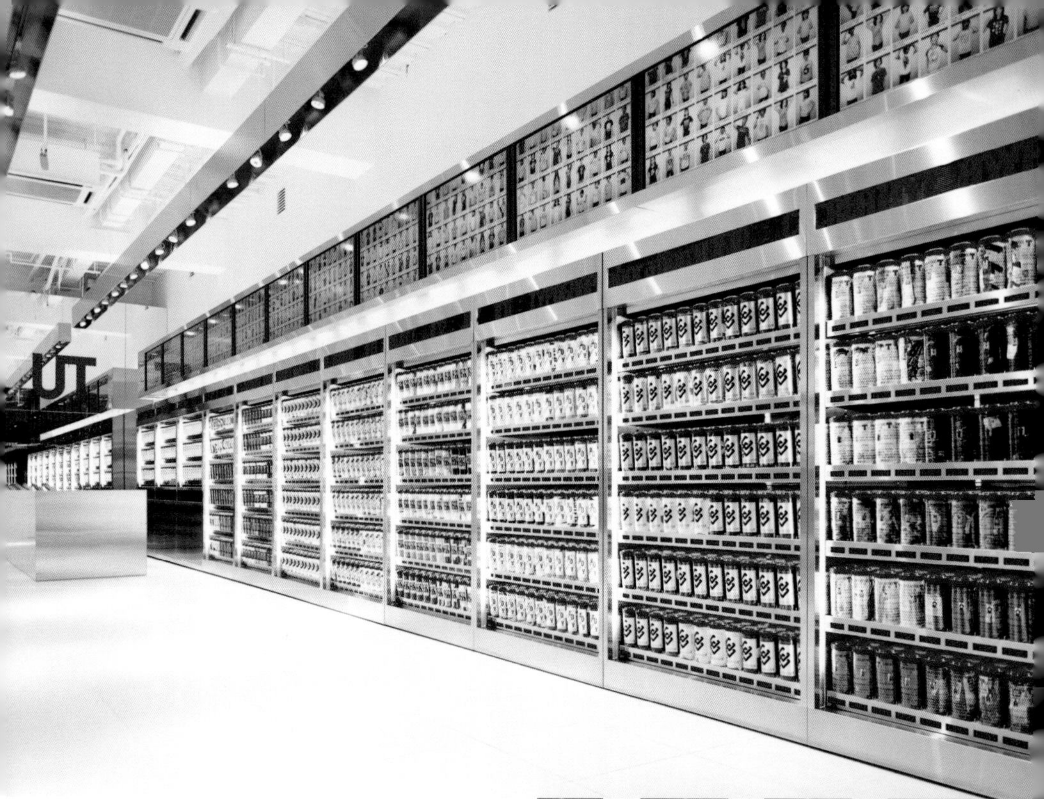

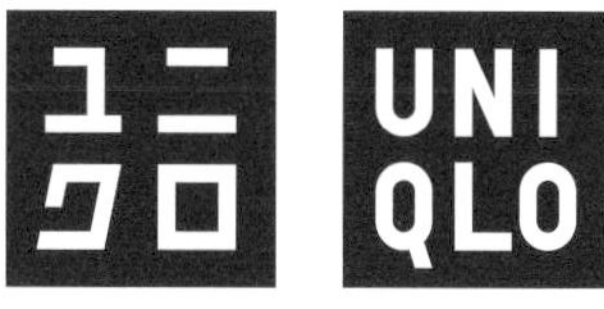
ユニクロ
UNIQLO

LifeWear

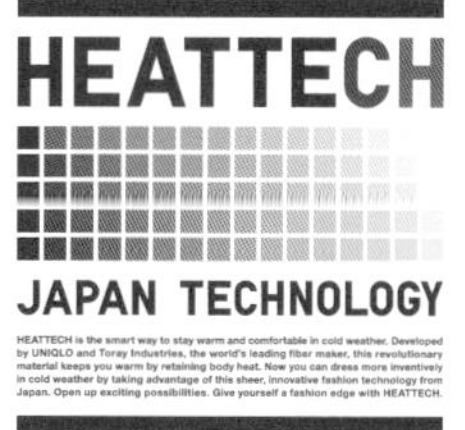
HEATTECH
JAPAN TECHNOLOGY
HEATTECH is the smart way to stay warm and comfortable in cold weather. Developed by UNIQLO and Toray Industries, the world's leading fiber maker, this revolutionary material keeps you warm by retaining body heat. Now you can dress more inventively in cold weather by taking advantage of this sheer, innovative fashion technology from Japan. Open up exciting possibilities. Give yourself a fashion edge with HEATTECH.

WAGARA
UT
Kids
TYPO
GRAPH
JAPANESE POP CULTURE PROJECT
SOUVENIR FROM
TOKYO

「ユニクロPARK横浜ベイサイド店」は、完成の5年前から温めていた「ディスティネーションストア」構想を実現したもの。建築家の藤本壮介と組んで、すべり台やボルダリングなどの遊具があり家族で楽しめる公園一体型店舗を作り上げた。

世界的な建築ユニット、ヘルツォーク＆ド・ムーロンが店舗デザインを手掛けた銀座の「ユニクロTOKYO」は、LifeWearを体現する世界最大級のグローバル旗艦店として2020年にオープン。４フロアを貫く吹き抜けの大空間が圧巻だ。

2010年対談 柳井正×佐藤可士和

佐藤　初めてお会いして、ニューヨーク旗艦店のクリエイティブディレクションの依頼を頂いてから、もう4年が過ぎました。

柳井　あれは、全世界に向けての旗艦店を作るという一大プロジェクトでした。いまのユニクロの最高水準をアピールしたい。とはいえ、ユニクロはユニクロ。その本質を掴んで翻訳できるのは、真のクリエイターしかいない。可士和さんなら、それができると思いました。

佐藤　僭越ながら……適任だと思いました（笑）。

柳井　なんというか、ユニクロの方向性が、可士和さん自身のデザイン哲学と共通する部分があるんじゃないかな。

佐藤　そうですね。本質を研ぎ澄ませて見せていこうとするところ。ユニクロの本質は、合理性が美意識につながっていることだと思うんです。つまり、高品質なのに低価格というように。

柳井　NYで一緒に仕事をして、可士和さんは、デザインとビジネスを結びつけることが得意なんじゃないかと思いましたね。それで、その後、そのコミュニケーションをディレクションしてもらう役割にだんだん変わっていった。

佐藤　そういうふうに自分を使いこなしてくださるのはとても嬉しいですね。

柳井　グローバルにブランドビルディングをするときに、それをどう伝えるか。僕らもそれをするけれど、専門家である可士和さんにも手伝ってもらいたい。客観的に見て判断してもらいたい。可士和さんは、半分主体者で、半分社外という、新しい役割だと思っています。

佐藤　クリエイターの仲間には「ユニクロではどんな仕事してるの？」と聞かれるんですよ。

柳井　経営相談してます（笑）。たぶん、そういうことを依頼するクライアントも、それを受けられる能力をもつクリエイターもいないんじゃないですか。

佐藤　ちょうど依頼を受けた頃に思っていたのは、ひとつは、グローバルな仕事をしたいということでした。もうひとつは、ある企業のひとつの商品の広告を担当しても、それは〝点〟であって、もっと企業全体をブランディングすれば根本的な問題解決ができるのにと、もどかしく思っていたことです。

柳井　ブランドビルディングは、表面の化粧を変えることじゃない。ある人が言ってたんですが、ブランドというのは、その会社のトイレまで含むそうです。本当にブランドビルディングをするには、会社を変えなくてはいけない。

佐藤　でも、スクラップ&ビルドではないですよね。僕は、もともとあったユニクロの本質を磨き直しただけなんです。日本ではよく、マイナスを埋めようとするけれど、ブランディングのダイナミズムは、プラスを伸ばすことで、マイナスを感じさせないところ。

そしてユニクロは、見事にグローバルブランドの仲間入りをしましたね。

柳井　そうですね、端くれですけど、グローバルブランドとして認知されたと思う。

佐藤　いや、つまり一応、柳井さんのミッションには応えたかなと思って（笑）。

2020年対談
柳井正×佐藤可士和

佐藤　ユニクロの経営戦略に携わるようになってから、概念のデザインをすることが増えました。中でも〝LifeWear〟という言葉を編み出すまではたいへんでしたね。

柳井　5年以上かかったかな。ユニクロの服をひと言で伝えるために、時間をかけて議論して。2012年に宣言してからは、商品や売場などで実体をつくって、世界じゅうに定着させていこうとしています。

佐藤　その最新形が、今年銀座にオープンした「ユニクロTOKYO」ですね。柳井さんとの仕事はもう14年にもなりますが、1回も考えがずれたことがないんです。それは、基本的な美意識や価値観が合っていることもあるけれど、毎週のように1対1で対話をし続けていることが大きいと思います。

柳井　雑談から具体的な話に発展することもあるし。可士和さんは、概念だけじゃなく具体性も伴ったデザインで、世界に向けてわかりやすくコミニュケーションしていける。そういう人はなかなかいないです。こちらの悪い部分も遠慮なく指摘してくれるし(笑)。クライアントとクリエイターは、お互い尊敬しながら対等に話ができる間柄であることが必要ですね。

佐藤　柳井さんにはいつも難題を与えられますが、僕の能力をすごく引き出していただいたと感謝しています。1対1の対話からは、本当にいろいろなプロジェクトが生まれましたよね。「UT」「+J」「ビックロ」……。

柳井　「ユニクロPARK」もね。

佐藤　そうですね、柳井さんとの構想で、郊外にあっても、そこに行くこと自体が目的になるような個性を持った店舗を開発しようという。

柳井　ディスティネーションストアね。完成後の評判もすごくいいですよ。売ろうじゃなく楽しんでもらおうっていう精神が出ているので。

佐藤　いまや国民的ブランドとも言えるユニクロはインフラに近い存在なので、地域や公共にお店を開いていく必要があると考えました。

柳井　時代の流れとともに、商売をどういうふうに進化させていくかということは、常に話し合っていますね。

佐藤　最近では、〝LifeWear〟の概念を世界に発信しながらユニクロは社会にとってどういう存在であるべきか、そのためには何をすべきか、ということを常に考えていますね。

柳井　うん、ユニクロPARKもそうだけど、もっとソーシャルな存在にならないといけないと思う。何かに挑戦する際は、僕は会社を懸けるくらいの気概で臨んでいるけど、可士和さんも自分の職業に人生を懸けてる人だと思うから、いい関係を続けていられるんだと思います。

佐藤　柳井さんは、ビジョンを非常に高いところに設定しつつ、着々と実行されているので本当に尊敬します。14年前、世界一のブランドを目指すとおっしゃっていましたが、遂にもう目前まできていますね。

柳井　お互いを高め合える間柄で進んでこられたのがよかったですね。世界一になれたら、また対談しましょう(笑)。

PROJECT 02 >> ふじようちえん FUJI KINDERGARTEN

幼稚園をとりまく〝状況〟をデザインする。

「園舎そのものが大きな遊具」という画期的なコンセプトのもとにリニューアルされた新しい幼稚園のあり方は、国際的にも高く評価された。OECD(経済協力開発機構)の効果的学習環境センターが出版する『学校施設好事例集』(第4版・2011年)では、日本初となる最優秀賞に選ばれている。

「いつか幼稚園をデザインしてみたい」

テレビに出た際の佐藤の発言が、鮮やかに形になった。東京・立川市にある、ふじようちえんのリニューアルプロジェクトだ。

老朽化した園舎を建て直すとともに、ロゴや園服、遊具など、子どもたちの環境全般をデザインで活性化させる試み。教育の現場にクリエイティブのパワーを活用したいという佐藤の思いが、存分に発揮されている。

初めて現地を訪れたとき、たくさんの木と土と、そこに流れる風がもたらす気持ちいい空気が、ふじようちえんの財産だと感じた佐藤。園内のツリーハウスに登ってみたら、童心に返ることができた。子どもは遊ぶのが仕事だから、幼稚園という空間が最高のエンターテインメントになればいい！ つまり、園舎そのものを巨大な遊具と捉えたらどうだろう。

そのコンセプトを、建築家の手塚貴晴・由比夫妻がユニークなドーナツ型の建物プランに落とし込む。端がなく、ぐるりとつながった〝仲間はずれのない〟かたち。屋上は、無限の追いかけっこができる大きな庭だ。屋上から中庭に伸びるのは、長いすべり台。園舎を突き抜けてそびえる大ケヤキは、守り神のよう。

「もともと本当に心地いい空気が流れているところなんです。このよさを大切にしながら、園長の加藤積一先生が考える幼稚園の新しいあり方が感じられるような新園舎にしようと思った。手塚夫妻は素敵な〝空気感〟をみごとにデザインしてくれました」

2007★Spring New Fuji Youchien
Fuji
ふじようちえん
Fuji
ABCDEFGHIJKLMN
OPQRSTUVWXYZ
abcdefghijklmnop
qrstuvwxyz
0123456789
Fuji

FUJI

Kids First
Do it myself
ふじようちえん

Fuji

佐藤は、使用する目的によってロゴを数種類用意した。それぞれの大きさに応じてバランスが考え抜かれている。国立新美術館の“開かれた美術の場”のコンセプトどおり、欧文にも、シンボルマークの「新」の文字と同じく、エレメントを開いたオリジナルフォントをデザインした。

PROJECT 03 >> 国立新美術館 THE NATIONAL ART CENTER, TOKYO

美術と人と社会の、開かれた新しい関係を表現。

2007年1月、東京・六本木にオープンした国立新美術館。国立の美術館としては30年ぶり5館目ということもあって、開館前から大きな話題を呼んだプロジェクトだ。

シンボルマークのデザインは、指名コンペで競われた。名称は「国立新美術館」とすでに決まっており、課題は、英語名「The National Art Center, Tokyo」の頭文字〝NACT〟を使ったデザインで必ず1案は作ることだった。

「考えてみると、NACTでは美術館を社会にコミュニケートする記号としては弱い気がしました。ナクトという音の響きも覚えてもらいづらいのではないかと。日本語の正式名称も国立新美術館という、いっけん仮称かと思うような、あまりにもニュートラルなネーミングなので何か強いシンボルが必要だと考えました」

そこで注目したのは、「日本最大の展示スペース」「コレクションを持たない」「情報センターの役割」など、様々な特徴だった。これまでにない美術館のあり方に着目したのだ。「この美術館の持つ〝新しさ〟、館名の真ん中にある〝新〟に答えがあると思ったんです」

漢字をモチーフにすることで、日本の美術館だということを海外に発信する際にもアイデンティティを強く打ち出せると考えた。〝開かれた美術の場〟をコンセプトに、「新」の文字は、すべてのエレメントを開くデザインとなった。

こうして完成したロゴには、先進性と独創性、そして進化し続けるというメッセージがみごとに凝縮されている。

THE NATIONAL ART CENTER, TOKYO

国立新美術館
THE NATIONAL ART CENTER, TOKYO

THE NATIONAL ART CENTER, TOKYO 国立新美術館

THE NATIONAL ART CENTER, TOKYO 国立新美術館

THE NATIONAL ART CENTER, TOKYO 国立新美術館

ABCDEFGHIJKLMNOPQRS
TUVWXYZ0123456789#
* _ : ; < > [ ] = ! ? - . , + / $ % & ' " @

THE NATIONAL ART CENTER, TOKYO
MUSEUM SHOP + GALLERY
SOUVENIR FROM TOKYO - FROM UNDERGROUND TO MAINSTREAM,
TOKYO IS A RADICAL JUMBLE OF CONTRASTING ELEMENTS WHERE THE NEW
AND NOSTALGIC, THE MOST ELEGANT LUXURY AND EVERYDAY KITSCH,
THE DOMESTIC AND EXOTIC,
THE FAMOUS AND ANONYMOUS ALL EXIST SIDE BY SIDE.

THE CUTTING EDGE MIX WE PRESENT IS A PRODUCT OF OUR ABILITY
TO SEE BEYOND EXISTING ATTITUDES AND CREATE A NEW EDITORIAL PROCESS
THAT REFLECTS THE IMAGINATION,
ENERGY AND CHAOTIC BEAUTY THAT MAKE UP TODAY'S TOKYO
AND ITS ATTITUDE TO ART AND DESIGN.
IN THE SAME WAY JAPAN HAS GIVEN SUSHI AND SUMO TO THE WORLD,
WE NOW PRESENT AN INTERNATIONALLY FLAVORED, BUT TOKYO EDITED,
SOUVENIR FROM TOKYO WWW.CIBONE.COM/SFT

新

THE NATIONAL ART CENTER, TOKYO

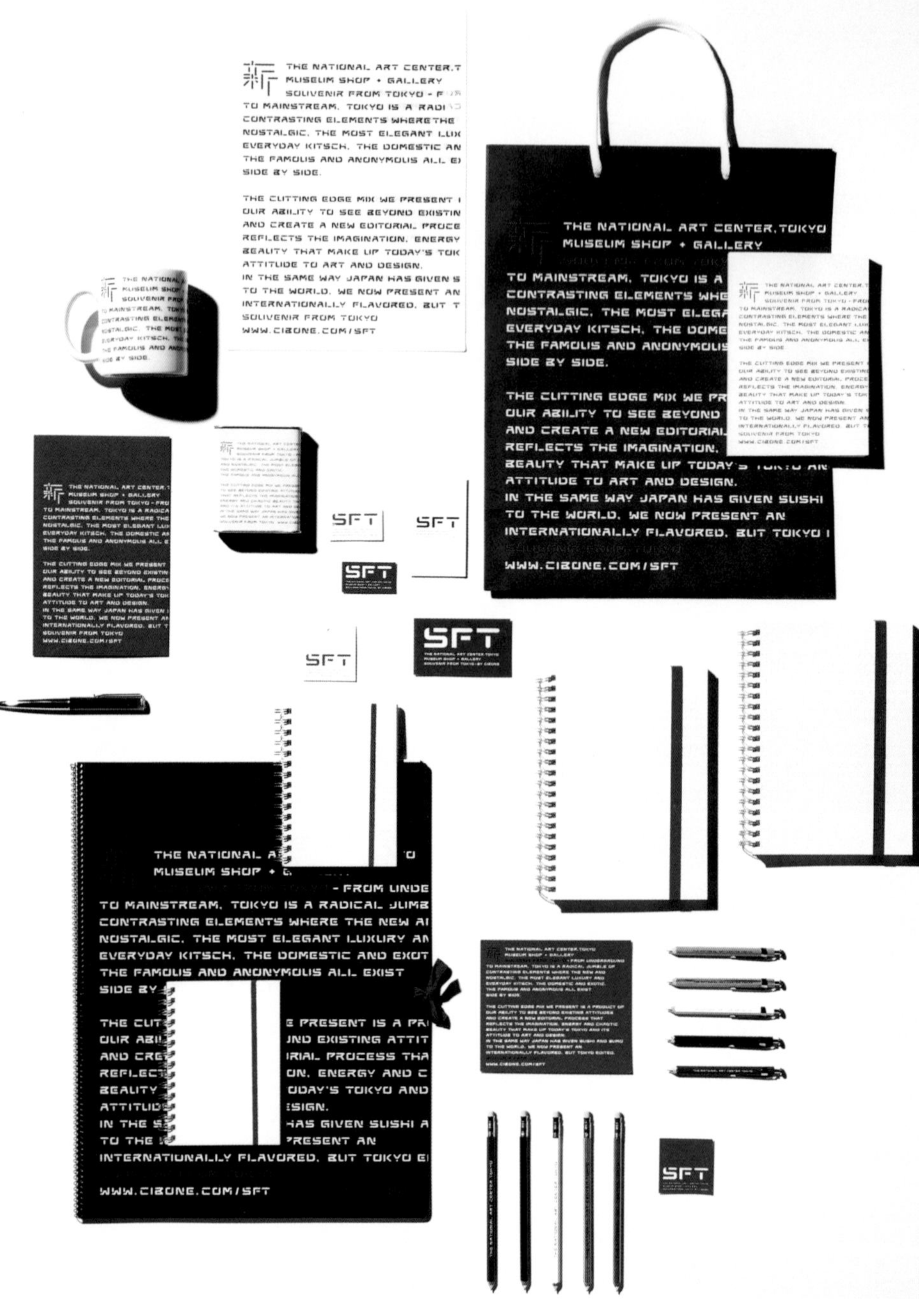

マグカップやノート、ボールペンなど、館内のミュージアムショップ「スーベニア フロム トーキョー」で販売されているオリジナルグッズ。マグカップは内側にもデザインが施されている。

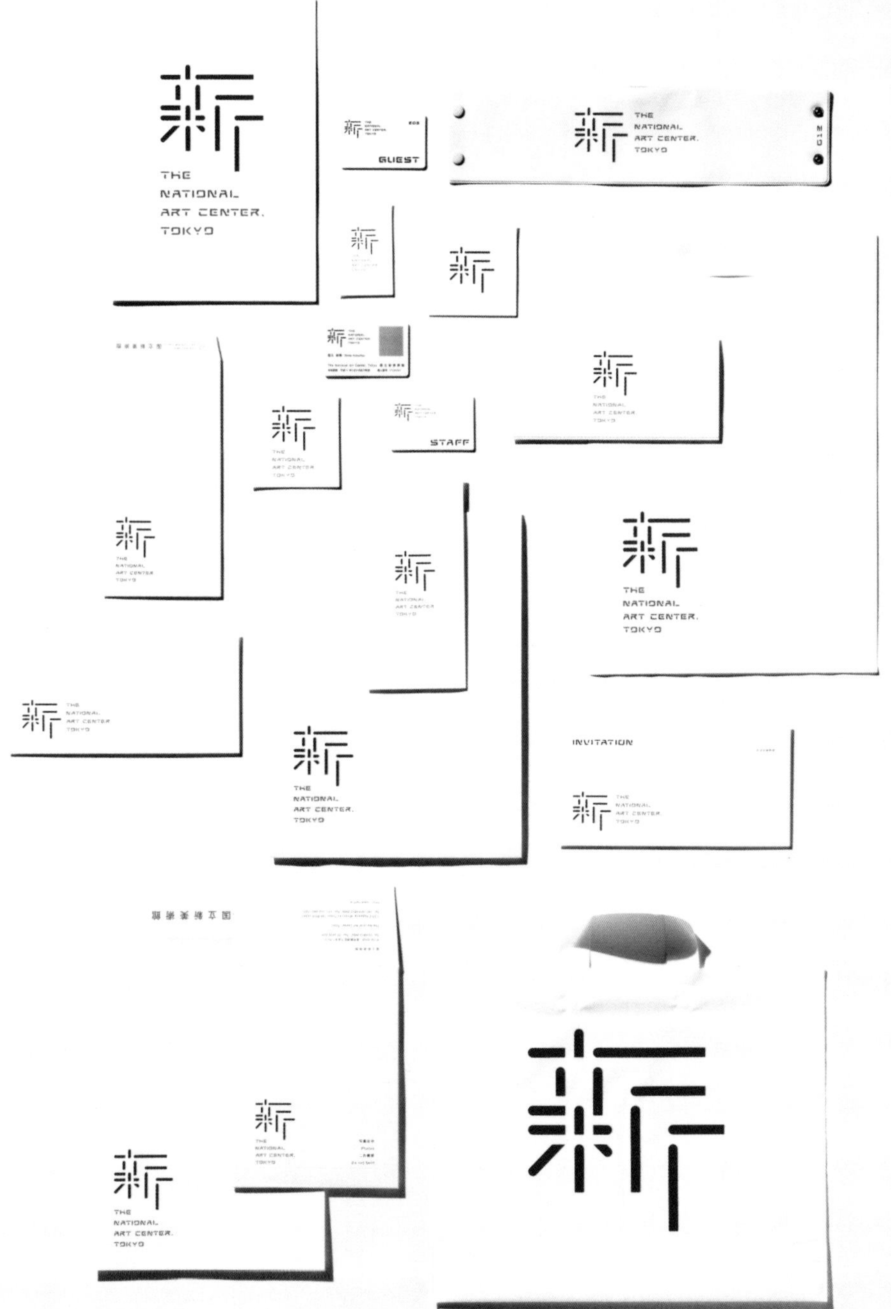

名刺や封筒といった、すべてのCIグッズにもロゴが使われ、国立新美術館のアイデンティティを確立している。ちなみに、シンボルマークの「新」の文字は、美術館を上空から見た形や、大きな展示空間のパーティションもイメージしたもの。

PROJECT 04 >> 今治タオル IMABARI TOWEL

クリエイティブの力が、地方再生を実現する。

「いままで使っていたタオルは、いったい何だったんだというくらい衝撃的な出合いでした」

経済産業省が地方再生を目指して取り組む「JAPANブランド育成支援事業」を活用してスタートした「今治タオル」のブランディングプロジェクト。佐藤にとって初めて携わる地域ブランディングだった。

愛媛県・今治は日本一のタオルの産地。それまで佐藤は、タオルの品質にはこだわってはいたが、産地まで意識することはなかったという。初めて手にしたとき、あまりの手触りの良さと吸水性の素晴らしさに驚いた。「しかし、そうした品質の良さが伝わっていないと思いました。それどころか、今治でタオルを作っていることすら知らない人も多いのではないかと」

そして「今治タオル」を社会にコミュニケートするためのアイデンティティが必要だと感じ、〝毎日使うもの〟という視点で「安心・安全・高品質」をコンセプトに戦略を立てた。

「今治タオル」はメーカーではなく、タオルの産地だ。そこで、四国タオル工業組合（現・今治タオル工業組合）の独自の基準をクリアした製品にだけ与えられる品質保証マークを考案。ロゴには今治の美しい自然をイメージする太陽・海・空・水をデザインした。また、製品の良さを伝えるには素の状態が一番と考え、白いタオルをキープロダクトに選んだ。

このプロジェクトは、瞬く間に国内だけでなく、海外にも広まった。まさにクリエイティブの力が、地方再生を成し遂げたのだ。

キープロダクトである白いタオルに、品質を保証するロゴマークのタグが映える。高品質を訴求するために、独自の品質基準も設定。中でも、今治タオル最大の特徴である吸水性を検証するのが「5秒ルール」。水に浮かべて5秒以内に沈み始めるものだけが「今治タオル」を名乗れるというもので、実験映像の明快さも評判となった。

2017年には、「今治タオル本店」のリニューアルもSAMURAIが担当。タオル織機に使われる通じ糸に、ロゴの赤・白・青を用いたアートワークを配した。本店横に新設された「imabari towel LAB」では、5秒ルールの体験もできる。

PROJECT 05 >> セブン-イレブン 7-Eleven

プライベートブランドを軸に、イメージを刷新。

リブランディングにあたり佐藤は「〝プライベートブランドならでは〟のデザインをしようと考えた」という。

「ナショナルブランドの商品は、棚に置かれ、目立つために広告的なデザインをしなきゃいけない。その点、PBは棚に並びやすいので、その強みを活かしたミニマルなパッケージ自体をメディア化したデザインができる。商品写真の撮り方や商品名と内容を示すキーワードの入れ方などのルールを作ってデザインを統一するブランド戦略で、売り場に並んだときに、PB商品が〝面〟となって際立つようにしました」

洗練されたデザインのPB商品が陳列棚で存在感を放つことで、店内の雰囲気が一変。〝日本の風景〟を変える仕事となった。

「コンビニは当時から、インフラのような存在。そのデザインを良くすることは、日本の風景を良くすることにつながると思いました」

「セブン-イレブンをもっと良くしてほしい」というオファーを受けたのは、2010年。まず提案したのは、プライベートブランド（PB）として「セブンプレミアム」の刷新だった。

「セブンプレミアムはPBとして画期的な存在でしたが、複数のロゴが混在しパッケージの統一性もありませんでした。そこで1700を超える全アイテムをカテゴリーごとに整理し、その特色を明快にするデザイン戦略を再構築しました。おにぎりやお弁当などすべてにロゴを付けることで、商品の存在感が一気に上がりましたね」

ロゴは従来の「7&i」の意匠を踏まえてデザインした。2012年には生活雑貨や文具の「セブン ライフスタイル」、13年には「セブンカフェ」をスタート。ペンやティッシュ、コーヒーマシンにマドラーまでデザインした。「コンビニの商品だからといって間に合わせに買うものではなく、積極的に欲しくなるものにしたいと思ったんです」

SEVEN&i

トイレットロール
ふんわり
サクサクコーン
うましお
枝豆チップス
茶
塩むすび
ポテトチップス
うすしお味
キッチンクリーナー
コーンチョコ
しっとりチョコ
シャキシャキレタス
ポテトサラダ
オレンジ
厚切りポテト
のりしお味
ひとくちパイ
チキンカレー
チョコシュー
キッチンスポンジ
うま塩キャベツの素
ほっけの塩焼
揚げ餅
担々麺
いかせんべい
プレーン
ポテトチップス
濃厚コンソメ味

ナチュラルポテト
うましお味
Salty Potato Snack
WATER

Caramel Popcorn
アップル

LAUNDRY
DETERGENT
衣類の粉末洗剤

サクサクコーン
3種のチーズ

クリアカップ

金の直火焼ハンバーグ

ダブルクリームパン

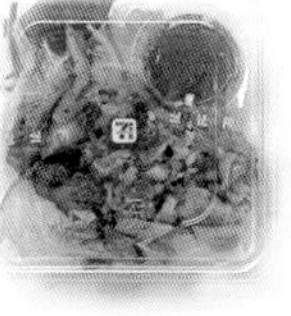

ポテトチップス
うすしお味
Lightly Salted Potato Chips

極ふわ

キッチンスポンジ
ハード
タイプ

厚切りポテト
石垣の塩味
Thick Cut Salt Potato Chips

耳が痛くなりにくい
やわらか マスク
ふつう

あさり
WATER

厚手で
丈夫
油・水に強く
電子レンジOK

ポテトチップス
濃厚コンソメ味
Consomme Potato Chips

香ばしく焼き上げた
あたりめ
Dried Squid

海苔

シャンプー

たまごポテトサラダ
Egg & Potato Salad

ミックスサンド

素材のおいしさ
枝豆チップス
Edamame Chips

TRONG
強炭酸水
チーズリング
4種のチーズ

えび
みりん焼

ナチュラルポテト
うましお味
Salty Potato Snack

厚切りポテト
石垣の塩味

醤油

SEVEN&i
SEVEN&i
辛子明太子
【1包装当り】
熱量
163
kcal
136円
蛋白質 4.3g
SEVEN&i
PREMIUM
LAUND
SEVEN&i
PREMIUM
のチーズをブレンドし
チーズリンク

LUXURY SOFT TISSUES 200W
LUXURY SOFT TISSUES 200W

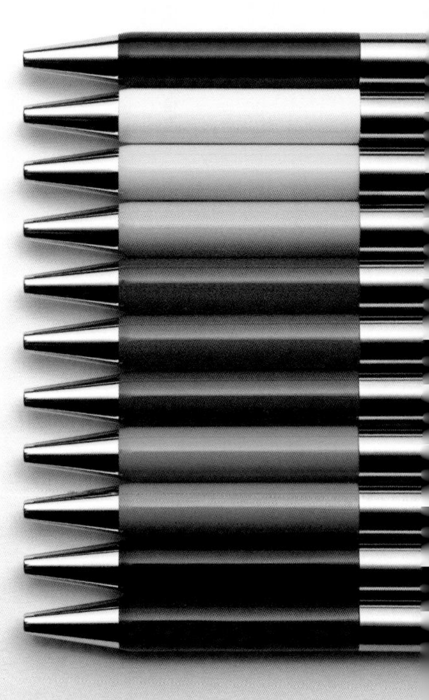

PROJECT 06 >> 楽天 Rakuten

フォント開発も行う、「デザイン経営」の先駆け。

Dalton Maag社とともに開発した楽天フォント。楽天ロゴを骨格のベースとした「Sans」、明朝体で上品な印象の「Serif」、楽しさを表現する「Rounded」、スポーツ関連などにも活用できる力強さを表現した「Condensed」の4種類が揃い、ブランドとしての統一感を保ちながらメッセージに合わせた柔軟で多様な使い方が可能だ。

２０１８年、経済産業省が発表して話題になった「デザイン経営宣言」。ジャパンブランドの価値向上のため、デザインを単なる「装飾」ではなく、重要な「経営資源」として活用していくという宣言だ。そこからさかのぼること15年前の、２００３年。いち早く「デザイン経営」を実践し始めた先駆者的存在が、楽天ＣＥＯ・三木谷浩史と佐藤のコンビだ。

「インターネットを軸に事業を拡大して、新しい日本を代表する企業にしたい。そのためのブランディングをやってほしいと話がありました。事業を拡大すると、アイデンティティがバラバラになりがち。そこにどう統一感を持たせていくかが、大きな課題でした」

そうして「デザインで楽天グループ全体のクオリティを高めていく仕組み」を作る。数多くのサービスのひとつひとつが楽天というブランドイメージの形成を担っているため、デザインをブランドの資産にしていく必要を感じ、18年には「楽天デザインラボ」という組織を立ち上げ、社内のデザイン体制を強化した。

「ラボでは20年、イギリスのDalton Maag社と協業して新しいグローバルフォントを開発しました。起点にしたのは、企業ロゴの『R』。このRはスタイリッシュに見えるように、普通のRよりも重心が高いんです。それを基準にしたことで、非常にユニークなものができました」

このフォントセットは世界的な事業拡大を見据えたもの。三木谷と二人三脚の「デザイン経営」は、次なるステージへ向かっている。

Rakuten Font

Unique, yet unified

Four font styles to express the unity and diversity of the Rakuten brand

Sans Regular

ABCDEFGHIJ
KLMNOPQR
STUVWXYZ
abcdefghijklmn
opqrstuvwxyz
0123456789
!@&+#()%*/

Serif Regular

ABCDEFGHIJ
KLMNOPQR
STUVWXYZ
abcdefghijklmn
opqrstuvwxyz
0123456789
!@&+#()%*/

Rounded Regular

ABCDEFGHIJ
KLMNOPQR
STUVWXYZ
abcdefghijklmn
opqrstuvwxyz
0123456789
!@&+#()%*/

Condensed Regular

ABCDEFGHIJ
KLMNOPQR
STUVWXYZ
abcdefghijklmn
opqrstuvwxyz
0123456789
!@&+#()%*/

Sans Semi Bold

**ABCDEFGHIJ
KLMNOPQR
STUVWXYZ
abcdefghijklmn
opqrstuvwxyz
0123456789
!@&+#()%*/**

Serif Semi Bold

**ABCDEFGHIJ
KLMNOPQR
STUVWXYZ
abcdefghijklmn
opqrstuvwxyz
0123456789
!@&+#()%*/**

Rounded Semi Bold

**ABCDEFGHIJ
KLMNOPQR
STUVWXYZ
abcdefghijklmn
opqrstuvwxyz
0123456789
!@&+#()%*/**

Condensed Semi Bold

**ABCDEFGHIJ
KLMNOPQR
STUVWXYZ
abcdefghijklmn
opqrstuvwxyz
0123456789
!@&+#()%*/**

Sans Black

**ABCDEFGHIJ
KLMNOPQR
STUVWXYZ
abcdefghijklmn
opqrstuvwxyz
0123456789
!@&+#()%*/**

Serif Black

**ABCDEFGHIJ
KLMNOPQR
STUVWXYZ
abcdefghijklmn
opqrstuvwxyz
0123456789
!@&+#()%*/**

Rounded Black

**ABCDEFGHIJ
KLMNOPQR
STUVWXYZ
abcdefghijklmn
opqrstuvwxyz
0123456789
!@&+#()%*/**

Condensed Black

**ABCDEFGHIJ
KLMNOPQR
STUVWXYZ
abcdefghijklmn
opqrstuvwxyz
0123456789
!@&+#()%*/**

R

Rラクマ

R

R
POINT

Link

PATW
R

R

Pasha
R

R

VIKI
Rakuten

R
iSPEED

Rakuten
kobo

R
楽天銀行

R

Wallet
R

Rakuten
TV

シニア
R

R

R
Edy

R

R

R

NBA
R

R
1234 5678

R

R

R

R

Rakuten
SPORTS
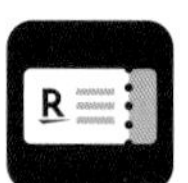
R

R

R
P

Rakuten

R

R
P

R Pay

R
P
CLUB

R

R
Edy

R

050
R

R

R
Hawaii

R
24

Rakuten
Fashion
R

R

VISSEL
R

R

R

Rakuten

Rakuten Delivery
Rakuten Mobile
Rakuten Viber
Rakuten 楽天生命
Rakuten Travel
Rakuten Card
Rakuten ウェブ検索
Rakuten kobo
Rakuten Drone
Rakuten Medical
Rakuten みん就
Rakuten クラウド
Rakuten Infoseek
Rakuten ブックス
Rakuten でんわ
Rakuten アフィリエイト
Rakuten Farm
Rakuten TV
Rakuten 楽天証券
Rakuten AirMap
Rakuten RAXY
Rakuten Ready
Rakuten 占い
Rakuten GORA
Rakuten BEAUTY
Rakuten レシピ
Rakuten 買取
Rakuten 楽天銀行
Rakuten チケット
Rakuten VIKI
Rakuten MAGAZINE
Rakuten ママ割
Rakuten STAY

楽天の公式キャラクターである「お買いものパンダ」と佐藤のコラボレーションが「佐藤可士和展」で実現した。

ポンッ

BELIEVE IN THE FUTURE
Rakuten
R
R Design Lab

[上]「楽天モバイル」では端末のネーミングからパッケージデザイン、CMまでトータルで監修している。[右ページ]二子玉川の「楽天クリムゾンハウス」設立にあたっては、オフィスや働き方の在り方を三木谷と何度もディスカッションした。

PROJECT 07 >> 武田薬品工業 TAKEDA PHARMACEUTICAL

アイコンを配した、スペースブランディング

コンセプトから8つの漢字を導き出してアートピース化。それらを壁面や照明などに配置した。また、エントランスからワーキングエリアまでの動線で「生命を育むストーリー」を展開。例えばエントランスでは、太陽と水をイメージしたオブジェで命の起源を表現。受付には年輪を感じる木のオブジェを設置し、成長をテーマに展開した。

２０２１年に創業２４０年を迎える武田薬品工業。２０１８年に完成した東京・日本橋本町の「武田グローバル本社」のインテリアデザインのディレクションを佐藤が手掛けた。

「タケダは世界約80カ国に拠点を持つグローバル企業で、ウェバー社長もフランスの方です。そんなタケダから『約50年ぶりに東京本社を建て替える。この機会に、日本発祥のグローバル製薬会社だということを世界に向けて現代的に表現してほしい』とオファーを受けました」

「常に患者さんを中心に考える」という同社のバリューから佐藤が導き出したコンセプトは「生きる力」だ。

「もともと薬は自然由来のものもあり、自然の中に『いのち』を育む源がある。そこから水や光、土や木などが製薬のベースになっていると考えました。そして困難を乗り越えて医療の未来に貢献する強い絆が必要。そんなふうにタケダのアイデンティティを8個の漢字で表現しました」

アイコン化した8つの漢字を国産ヒノキが香る、和モダンの空間に溶け込ませた。

「社員の方は来客があると『ここにこういう漢字があって、全体ではこんなストーリーを表現している』と案内されるそうです。そんなふうに、タケダの目指す未来を語りたくなる空間として、ヘッドクォーターをブランディングの一番重要なメディアと考えてデザインしました」

人と人との「コミュニケーション＝絆」こそが、最もデザインしたかったものだ。

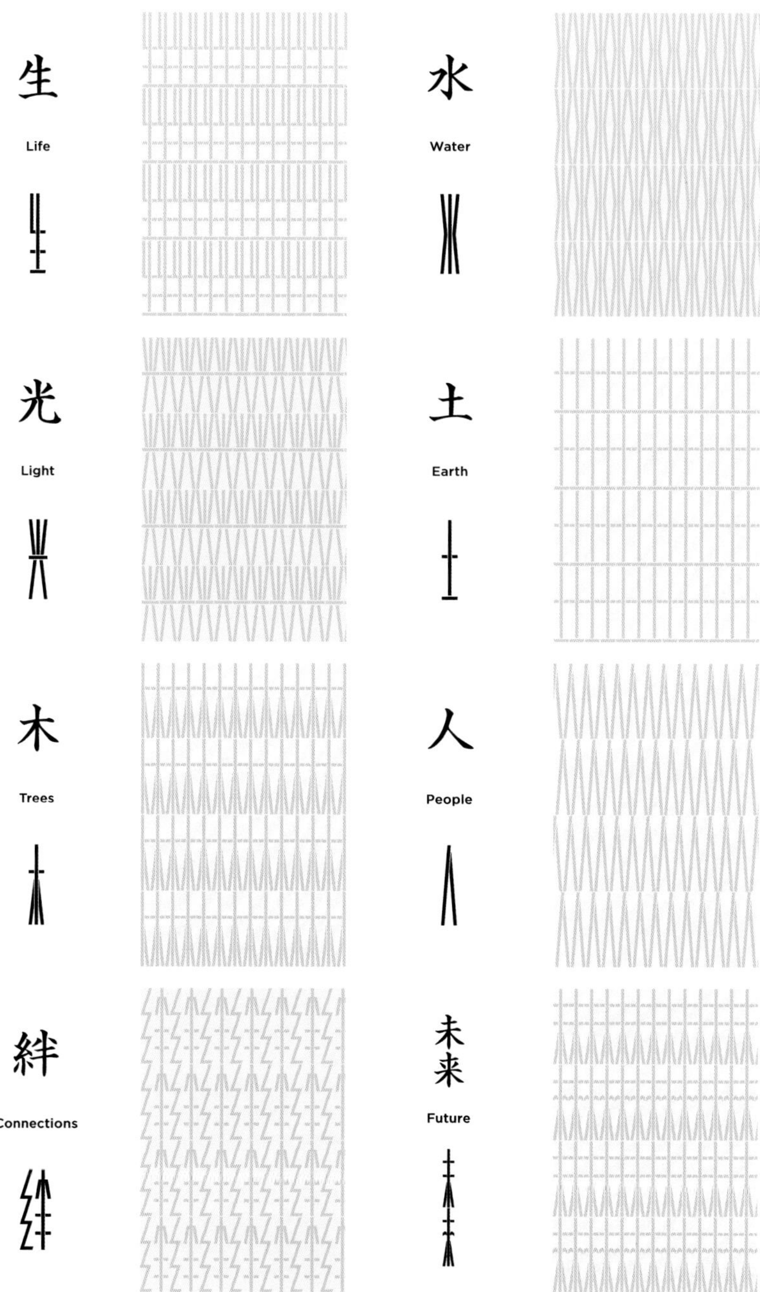

生
Life
水
Water
光
Light
土
Earth
木
Trees
人
People
絆
Connections
未来
Future

PROJECT 08 >> くら寿司 KURA SUSHI

ジャパンカルチャーを、ロゴや旗艦店で表現。

寿司のみならず、麺類や天ぷら、スイーツなどをいち早くメニューに加え、テーブルで遊べるアメニティ「ビッくらポン！」も人気の「くら寿司」。グローバル展開を加速させるタイミングで世界戦略を託されたのが佐藤だった。

「寿司の起源は、江戸時代。旗艦店のコンセプトを考えているときに、見つけたのが歌川広重の浮世絵『東都名所高輪廿六夜待遊興之図』でした。そこに描かれている寿司の屋台が今の寿司屋の原型で、隣には天ぷら屋やそば屋があって、団子が売っていたり、お面をつけた道化者がいたりします。そして客は、屋台で買ったものを大屋根のやぐらの下で食べている。この絵を見たときに、『くら寿司のあり方そのものだ！』と思ったんです」

そこで江戸文字をモチーフにしたロゴをデザインし、2020年に開店した「くら寿司 浅草ROX店」ではサイトイーティング（Sight Eating）というコンセプトで、お祭りや縁日のような賑わいのある空間を設計した。

「劇場だった場所に大屋根のやぐらを築いて、その下では、流れてくる寿司やサイドメニューを味わえます。『ビッくらポン！』で当たりが出ると店内の縁日スペースで射的や輪投げができ、インスピレーションとなった歌川広重の浮世絵作品やお面も飾るなど、くら寿司に行くと毎日お祭りを楽しめる空間にしました」

この空間デザインの独創性が認められ、特許庁により国内初の内装の意匠登録のひとつとなる快挙を成し遂げている。

江戸文字をベースにした日英併記のグローバルロゴを開発。「江戸の大衆文化を現代に甦らせる」をコンセプトにグローバル旗艦店をオープンさせた。「江戸の町人たちにとってファストフードのような存在だったことが寿司のオリジナリティだと考え、江戸時代の祭りをテーマに据えました」。内装は白木を使い、質感が感じられるようにした。

くら
寿司
KURA
大とろ
くら
KURA
REVO-
LVING
SUSHI
BAR
K
本まぐろ

くら
KURA

K U R A
らーめん
ぼたんえび
赤えび
輪投げ
くら射的
K U

思考をデザインすることが大切。
無理やり説得するのではなく、何をしたいか正確に伝えたい。
**伝えることの精度が上がると、
ストレスがなくなる。**

優れたコンセプトが人を動かす。

アイデアが出なくなる恐怖が、いつもあった。
この2〜3年、その恐怖がなくなった。
いまは衰える気がしない。

プレゼンの際、どんな質問がきても、答えられる自信がある。
いつもトレーニングをしているから。
1000通りの答えを常に用意している。

自分の強みは、集中力。
いいアイデアは、瞬きをする前に現れる。

博報堂に入社してすぐ、
自分のデザインを営業に見せた。
「かっこいいでしょ？」「どこが？」「なんでわかんないんだ！」
デザインだけでなく、
思考の過程を説明できることが必要だ
と、そのとき理解した。

世間を騒がせた代表作を、徹底解剖する。

PROJECT 09 >> SMAP スマップ

街をメディアに、CDやグッズ、広告までデザイン！

SMAPデビュー10周年に際したキャンペーン「Smap」。テレビCMをやめ、メンバーの顔も出さず、3色のグラフィックだけでSMAPというブランドを印象づけた。

2000年にSAMURAIを立ち上げ、最初に手掛けたプロジェクトがSMAPだった。

「まさに、僕はこういう仕事がやりたくて独立したんです」と、佐藤は語る。それは、CDジャケットからコンサートグッズ、広告まで「コミュニケーションをトータルに、そして立体的にデザインすること」。佐藤はTUGBOATの多田琢とタッグを組み、街をメディアにする戦略を展開した。ビルボードやポスターを単体で見るのではなく、路上の車や自動販売機、街灯フラッグ、道で配るティッシュまで、むろんビルボードも含めたトータルな状況でSMAPを増殖させる。

アルバム『Drink! Smap!』の発売に際しては、同じロゴをつけた缶飲料をオリジナルの自動販売機で売り出した。SMAPブランドを買う行為をダイレクトに広告と結びつけたプロジェクトが、大きな話題となった。

デビュー10周年のキャンペーン「Smap（エスマップ）」を記憶している人も多いだろう。印象的な赤・青・黄の〝色〟がそのアイコンとなった。佐藤は言う。

「世の中に向けてアイコンをつくるのが広告の仕事。ただ、色そのものを記号にするなんていうのは、グラフィックの基本すぎて今までアイデアになりえなかったんです」

グラフィックデザインの原点が、そのまま広告になる——誰もが見落としていた究極のシンプル・コミュニケーションがこのとき、鮮やかに実現したのだ。

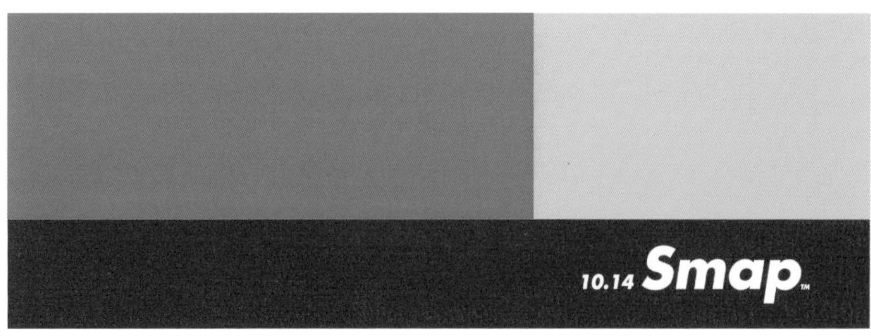
10.14 Smap™

10.14 Smap™

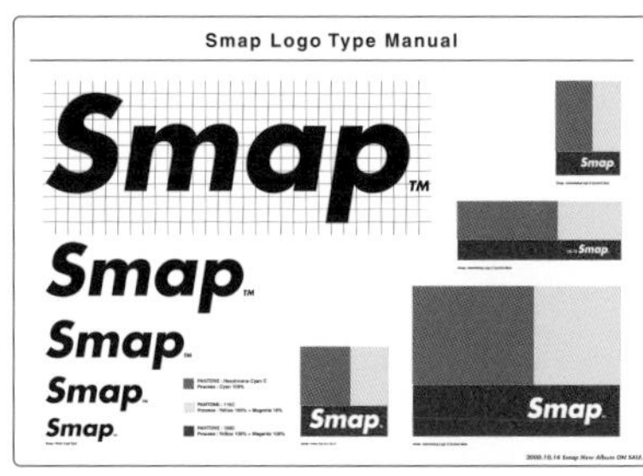
Smap Logo Type Manual
Smap™
Smap
Smap
Smap
Smap
Smap
Smap
Smap
Smap

Smap
Smap
Smap
Tukuya Kimura

Smap

Smap

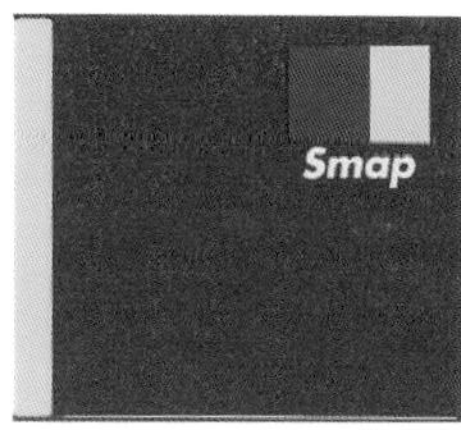
Smap

アルバム『Drink! Smap!』のリリースに絡め、実際に自動販売機でオリジナルドリンクを販売。大いに話題を呼んだ。

B面ベストアルバム『qamS』(ウラスマ)の発売時に渋谷をジャック。黒地にピンクの文字が強烈なインパクトを与えた。

アルバム『MIJ』のキャンペーン。“Made in Japan”を合言葉に、日本人を応援するメッセージをSMAPが発信するという意図と連動。

アルバム『Pop Up! SMAP』の初回特別盤では、付属の3Dメガネで見ると立体的に見えるジャケットを採用。ツアーグッズも3D仕様のデザインに。

PROJECT 10 >> キリンビール KIRIN BREWERY COMPANY

イメージを変えない「ラガー」、概念を変えた「極生」。

130年以上の伝統を誇る「キリンラガービール」のリニューアルに最初に関わったのが2010年。第三のビールが大衆化し、ラガーは相対的に高級感を増していった頃である。「コンテンポラリー・トラディショナル」をテーマに、佐藤はキリンビールを象徴するデザインを現代へと同期化させた。もとの要素を分解し、なにがラガーらしさを構成しているのかを検証。その上で、エンブレムの縁取りを銀から金に変え、赤は海老茶色へ近づけるなど、王道の風格を際立たせた。

それから10年経った2020年のリニューアルでは、ネーミング表記を「ラガービール」から「キリンラガー」に変更するとともに、びんと缶のデザインを統一。「オーセンティックなびんの存在感と、10年前に缶に託した現代的な意図の融合を目指し、それぞれの要素を細かく分解し、残すものを抽出して再構築した感じ。エンブレムの欧文も、以前はゴシックだったのを、明朝寄りの少しクラシカルな書体をつくり、キリンブランドの強化を図った」と語る。

一方の「極生」「生黒」における狙いは、ビールの代用品といったイメージからライトでお洒落な飲み物へと「発泡酒に対する価値観を変える」こと。そのため、聖獣の絵と商品名だけを強調し、1色印刷のクールなデザインを打ち出した。結果、空前のヒットとなり、ニュースでも扱われる社会現象に。佐藤にとって、デザインが世の中を動かすというダイナミックな体験となった。

時代の一歩先を模索するクリエイティブではなく、伝統的なラガーらしさを現代へとチューニングする作業が求められたと佐藤は語る。「びんは横長、缶は縦長のラベル。でもその違いに気づかないくらい、自然にブランドの印象が揃うようにデザインを整えた」

KIRIN BREWERY COMPANY, LIMITED
KIRIN BEER
KIRIN LAGER
キリンラガービール

KIRIN BREWERY COMPANY, LIMITED
KIRIN BEER
KIRIN LAGER
The legendary KIRIN is
a symbol of "Good Luck."
Enjoy its original quality.
キリンラガービール
お酒
SINCE 1888

極生
GOKUNAMA
Kirin's passion combined with its brewing technology brings you the masterpiece of Happo-shu. A refreshing taste you will never forget. Enjoy it on any occasion.
〈生〉
発泡酒

商品名はコピーライターの前田知巳と一緒に考案。テレビCMを一切打たず、タレントも起用せず、グラフィックメディアのみの広告戦略に出た。佐藤得意のシンプル・コミュニケーションが発泡酒のイメージを変えた（現在は販売終了）。

極生
GOKUNAMA
Kirin's passion combined with its brewing technology brings you the masterpiece of Happo-shu. A refreshing taste you will never forget. Enjoy it on any occasion.
〈生〉
発泡酒

生黒
NAMAKURO
Kirin's passion combined with its brewing technology brings you the masterpiece of Happo-shu. Bittersweet like you have never tasted. Enjoy it on any occasion.
〈生〉
発泡酒
RE-NEW!
¥140
WITHOUT TAX
PROJECT
"GOKUNAMA"
SEE YOU AT THE STORE
GOKUNAMA
KIRIN
うれしいを、つぎつぎと。
www.gokunama.com

PROJECT 11 >> NTTドコモ NTT DOCOMO

日常のリアリティから生まれたプロダクト

N702iD：四角い箱の納まり、液晶とボタンのベストバランス。デザインのためのデザインではなく、基本をチューニングし直して新しい美しさを提示。大ヒット商品となる。

2006年の「FOMA N702iD」は、佐藤にとって初めてのプロダクトデザイン。「技術という理性的な部分と、モノと人との距離感を考えるという感覚的な部分。その両方を融合し、コントロールしながら積み上げていく新しい体験だった」と語る。

当時はスマホ前夜。通話やメールといった連絡手段から、iモードなどで情報を得る端末へと、携帯電話が日進月歩していった頃である。それまでは縦向きの本体に日時を表示する短い窓がついた形が主流だったが、佐藤は本体を横にして窓を長くし、iモードから配信されるトピックが文字情報として流れるイメージで設計した。「手帳や財布の機能も加わり、もはや携帯電話は先端的なビジネスツール。アイデンティティの一部だからこそ、自分がやりたい〝表現〟よりも、自分が欲しいモノをつくろうと思った」。ビルボードやCMなどのデザインは、街で一瞬触れては消えていく存在だが、携帯電話は何よりも頻繁に手の中にある持ち物。佐藤は、長く使っても飽きのこない「シンプルな潔さ」を、心地よいツヤ感のある四角い箱に表した。

その後、後継機種の「N703iD」も手掛け、09年には「N-07A」の開発に参加。「毎日をスポーツにするケータイ」をテーマに、待ち受け画面は未来のストップウォッチをイメージし、フォントも開発。コナミスポーツクラブ監修のランニング・アプリを搭載し、佐藤自身も愛用した。

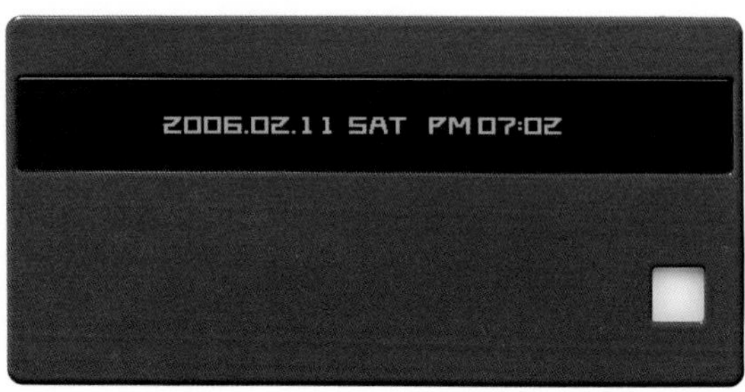
2006.02.11 SAT PM 07:02

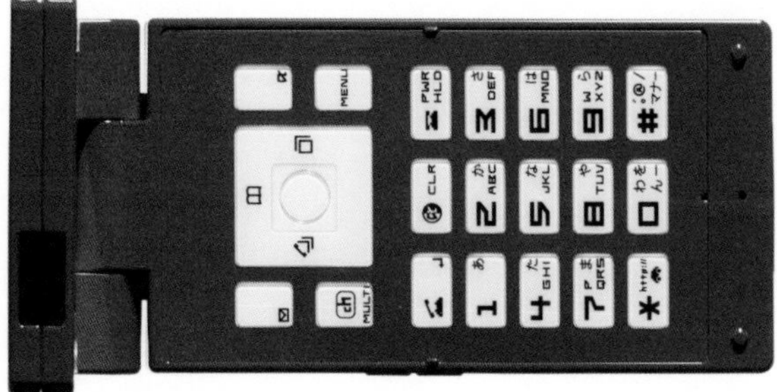

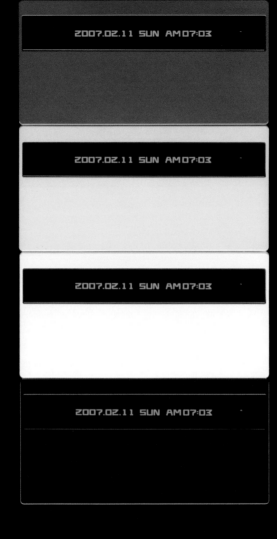

［上］N703iD：「N702iD」の後続モデル。思い切ったカラーリングが人気を呼んだ。［左ページ］N-07A：ポップでスピード感のあるチェッカーフラッグをイメージしたデザイン。視認性と納まりを重視したスタイリッシュなフォントも特徴。

MENU
MULTI
CLR
ABC
DEF
GHI
JKL
MNO
PQRS
TUV
WXYZ
NTT docomo

YEAR MONTH DATE
2009.08.23
SUNDAY
TIME HOUR MINUTE
PM 01:23
SECOND

PROJECT 12 >> リサージ LISSAGE

スキンケアブランドの理念を、機能美で表現。

化粧品では異例のトリガー式ボトル。2007年、佐藤がリニューアルを手がけたスキンケアブランド「リサージ」の発表はセンセーショナルだった。業界初となる画期的な試みは、「外から与えるのではなく、育む」というブランドの真摯なアプローチや定評ある品質を、佐藤がボトルの機能美で伝えるべく考案したもの。従来のポンプ式と比べて押しやすく、エレガントな曲線が印象的なトリガーは、新生リサージの象徴となった。

実力派スキンケアブランドとしてのポジションを築いたリサージが、次に挑んだのはメンズ市場。男性も日常的にスキンケアする時代を切り開いていきたいと、引き続き佐藤にトータルな監修を依頼した。

「僕自身もターゲットのひとりと考え、〝自分ごと〟として捉えた」と、使いやすさはもちろん、男性が愛着をもてることを意識してボトルをデザイン。リサージのアイコンであるトリガーを採用しつつ、底面が三角形で上が円形というシンプルで力強いフォルムにすることで、女性用との差別化を図った。自然な〝ハリ〟のある三次元曲面は、「肌の潤いやハリを整えることがスキンケアなので、それを視覚的にも感じられるようにしたかった」と、コミュニケーション効果も考慮したものだ。

感触や香りまでプロデュースして2015年に発売された「リサージ メン」は、メンズスキンケア市場に一石を投じ、鮮やかな波紋を広げた。

「リサージ メン」の主力商品である化粧液「スキンメインテナイザー」。円筒形をベースにした柔らかな雰囲気の女性用(P80)と比べ、直線的な要素を取り入れることで力強い佇まいに。ロゴもゴシック系の書体をデザインし、シンプルですっきりとした男性らしいイメージを打ち出している。

LISSAGE MEN
Skinmaintenizer
For men. From the collagen experts.
I

LISSAGE MEN

LISSAGE
Enhance your individual beauty
Skinmaintenizer
MI

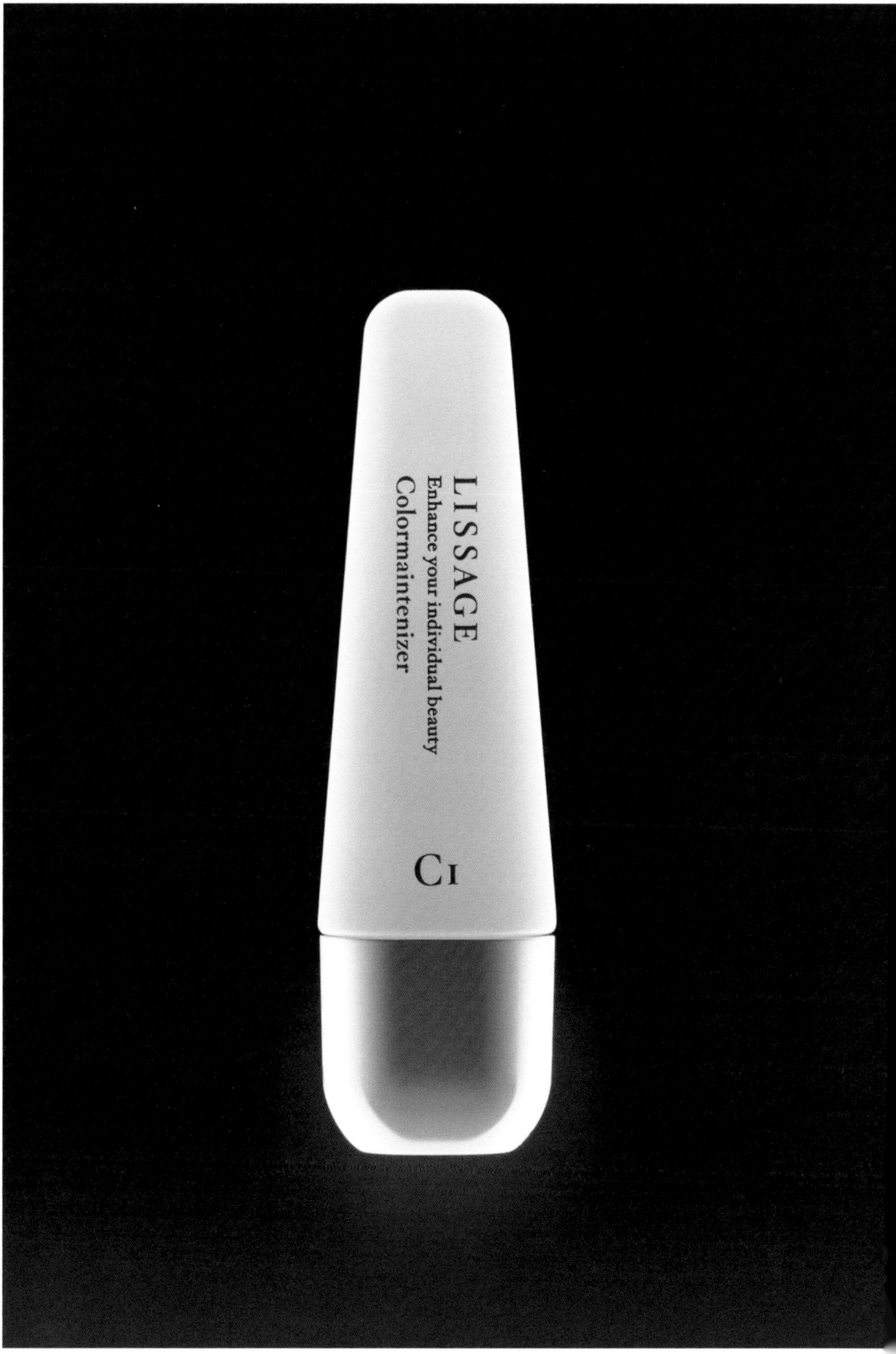

LISSAGE
Enhance your individual beauty
Colormaintenizer
C1

PROJECT 13 >> 明治学院大学 MEIJI GAKUIN UNIVERSITY

大学のブランディングは、ここから始まった。

明治学院大学の創設者であり、ヘボン式ローマ字の考案者であったヘボン博士の信念“Do For Others”(他者への貢献)が、ブランディングのコンセプトに。過度な主張はないものの、しっかりと輝きと存在感を放つロゴは、ほぼ満場一致で決定した。イエロー100%という色は、印刷物のメンテナンスの容易さも考慮されている。

ボーダーレスに数多くのディレクションを手掛けてきた佐藤にとって、ずっと気になっていたのが教育機関。「プロジェクトがスタートした04年当時は、ＵＩ（ユニバーシティアイデンティティ）という言葉も一般的でなく、企業に比べて受身の態勢で、学校の個性や理念が明確に伝わってきませんでした」。そうした佐藤の思いとクロスした明治学院大学のブランディングは、学校全体の環境をデザインしていくという、革命的なプロジェクトである。

まずは、何をアピールしたらいいか、大学のイメージをつかむことから始めた佐藤。大塩武学長（当時）との密な打ち合わせは無論のこと、学生と直接話す機会も設けた。考えたロゴは、なんと３００以上。そして数カ月後、新しいロゴとスクールカラーが出来上がった。「ヒアリングを重ねた結果、控えめだが芯が強いという校風が浮かび上がった。イエローは、押しが強くないけどはっきりした色。ロゴに使った明朝体は、正統派の品格に加え、モダンさも宿している。伝統の精神に、現代の息吹を吹き込んだイメージを表現しました」

その後の進行は、驚くほどスピーディだ。グッズが続々登場し、体育会のユニフォームやウェブサイトもリニューアル。横浜キャンパス内にカフェをオープンさせ、佐藤自身も4年間客員教授として「明学のブランディング」についての授業を担当した。デザインの無限の可能性を感じさせるプロジェクトは、大学教育の現場を明々と照らし始めている。

明治学院大学

MEIJI GAKUIN UNIVERSITY
1-2-37 Shirokanedai, Minato-ku, Tokyo 108-8636, JAPAN
1518 Kamikurata-cho, Totsuka-ku, Yokohama 244-8539, JAPAN
http://www.meijigakuin.ac.jp

ノートやクリアファイル、ボールペンなどの文具から、バッグや学生向けハンドブックまで、これらはすべて、明治学院大学の新たなイメージを認知させるためのメディアとなる。ロゴ入りグッズは、学生たちに大好評。

ネクタイやスカーフ、絵皿といった高額商品は、社会に向けてコミュニケートするべく組織されたOB組織「校友会」のメンバーにも訴求したいグッズ。職員らが使う文書まで、すべてが新たなアイコンに置き換えられていった。

PROJECT 14 >> キリンビバレッジ

KIRIN BEVERAGE COMPANY

「チビレモン」をきっかけに、独立してSAMURAIへ。

キリンビバレッジの原点である「キリンレモン」のリニューアル・プロジェクト。佐藤得意の手描き表現でターゲット層の子どもや若者を直撃し、デザイナー主導の商品開発は大成功を収めた。

2000年の「キリンチビレモン」こそ、佐藤をSAMURAIへと向かわせたターニングポイントだ。これは、初めて商品開発から携わった仕事。広告クリエイターだった佐藤は、ネーミングやパッケージ、味のディレクションまで、ついに商品全体のデザインへと活動の幅を広げた。しかも、広告代理店の社員である佐藤にクライアントから指名で依頼が入るという、前代未聞のプロジェクトだった。

「今度はコンビニの棚がメディアになった」

年間に何千もの商品が小さな棚を取り合う激戦区において、新商品は目立つことがなにより重要。「棚の中でひとつだけ背が低ければ目に留まる。どうやったら目立つかという瞬間的なコミュニケーションと、味は好きだけど炭酸は量が多くて飲みきれないというリサーチ結果を総合したら、小さくすることがひとつのソリューションだった」。そこで、国内ではまだ流通していなかったミニサイズのペットボトルをつくり、チビレモンと命名。味は微炭酸にし、チビッコが活力を得て冒険を繰り広げるチビレモンワールドを展開した。「炭酸飲料の本質は懐かしい幸せ感。子どもの頃の楽しい記憶を、ブランドの中にもう一度世界観として蘇らせようと思った」

チビレモンは売り上げを驚異的に伸ばし、リニューアルは成功。このプロジェクトをきっかけに、佐藤は「広告だけにこだわらず、もっと自由にデザインの可能性を追求していきたい」と、独立を決意した。

KIRIN
キリンチビレモン
KIRIN
CHIBI
LEMON
無果汁
レモン33個分
ビタミンC!

KIRIN
CHIBI
LEMON

CHIBI
LEMON
CHIBI
CHIBI

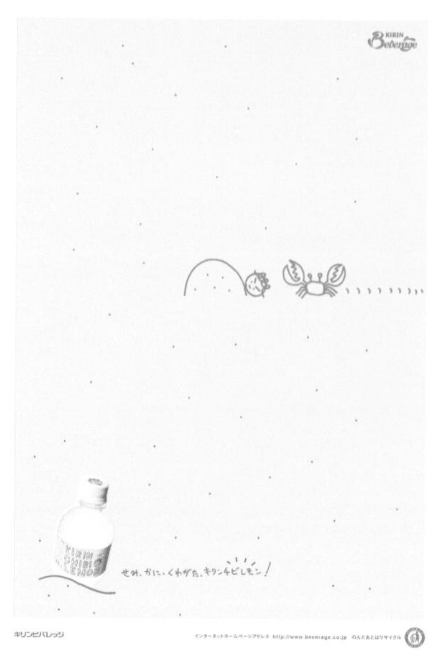

KIRIN Beverage

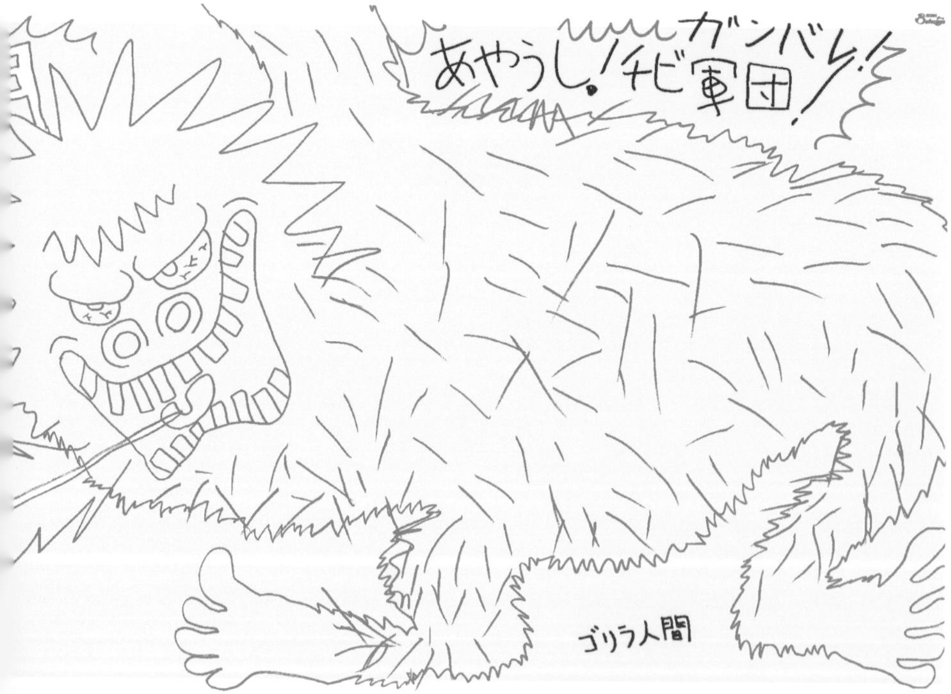

あやうし！チビ軍団！

ガンバレ！

ゴリラ人間

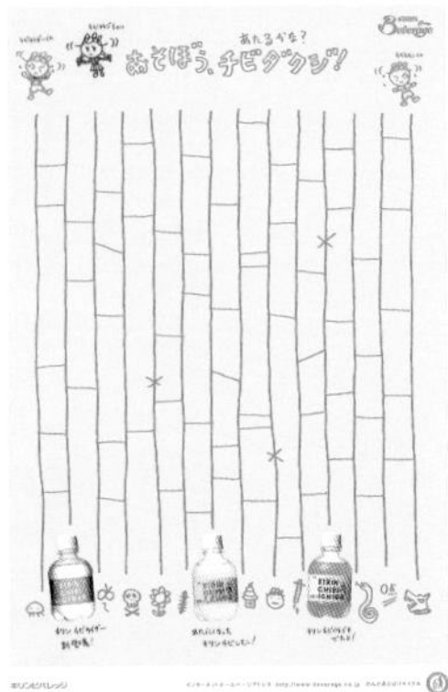

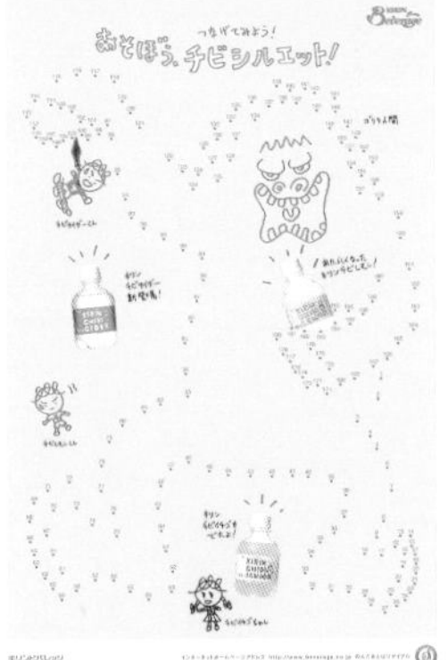

シリーズ商品それぞれにキャラクターを設定。チビレモンくん、チビサイダーくん、チビイチゴちゃんの「チビ軍団」が活躍するストーリー仕立ての広告は、子どもたちを大いに楽しませた。

PROJECT 15 >> TSUTAYA TOKYO ROPPONGI ツタヤ トウキョウ ロッポンギ

20年先を見据え、ブランド戦略の舵を取る。

街のレンタルビデオ店という既存イメージを超え、コーヒーを飲みながら海外の雑誌を手に取り、CDやDVDもゆっくり選べる、最先端カルチャーの拠点。2003年、TSUTAYAの新しい方向性を示すフラッグシップショップとして誕生したのが、「六本木 蔦屋書店」の前身TSUTAYA TOKYO ROPPONGIである。

クライアントは佐藤に「20年先のTSUTAYAを一緒に考えてほしい」とオファー。単なるショップデザインではなく、未来を見据えたブランド戦略の舵取りを依頼したのだ。

「従来のコンテンツビジネスに加え、TSUTAYAにはデータマーケティングやポイントビジネスへと拡大していく展望があった。ビジネスモデルの転換期を迎えるにあたり、六本木ヒルズの出店では新しい名前にする可能性もあったんです。でも、圧倒的な会員数を誇り、日本中に浸透しているTSUTAYAはすでにインフラに近い存在。だから、名前を残したまま形を変えて、新しいビジネスに適応するようアイデンティティを考え直しました」

その核としてデザインしたのが、Tをかたどったロゴマーク。「見れば誰もが一発でそれとわかる、地図に載るようなマークをカッコよくつくりたかった。携帯の絵文字になっても認識できるほどアイコニックなものなら、強いなと思った」。のちに彼が提唱するアイコニック・ブランディングの原型が、Tマークに込められているのだ。

レンタルビデオ店のマニアックで敷居が高いイメージを払拭し、より幅広い層に向けて門戸を開くという思いが、Tの横棒を広げるデザインにつながった。いまや日本最大規模のカードポイントシステムとなった「T-POINT」の象徴でもある。

「大人のための新しいTSUTAYA」を体現。リニューアルした返却ボックスは、馴染み深い黄色と青でメジャーブランドの存在感を示す。店内グラフィックにはグレーをキーカラーに加え、知的でモダンなトーンをつくった。その後2020年３月にリニューアルし、現在は「六本木 蔦屋書店」となっている。

2F
DVD.VIDEO
CD.GAME
BOOKS
Enjoy Reading
with coffee!

PROJECT 16 >> ホンダ HONDA

大胆な手法で、車の広告のセオリーを打ち破る。

「車の広告って何か変だなってずっと思ってた」。スーパーリアルイラストのごとく加工・合成された不自然な写真。すべてのディテールに焦点を当て、しかもどれもが走っているシチュエーション。「そんな広告の既成概念をガラッと変えるつもりで取り組んだ」のが、ホンダの一連のキャンペーンである。商品のスペックではなく、ブランドのイメージで売る。「車の世界観をクリエイトする」手法で、最初に手掛けた「インテグラ」にはロードムービーのような世界観を与えた。

「これが最初に出たとき、競合の自動車メーカーがすごくびっくりしたそうです」と振り返るのが、「ステップワゴン」の新聞広告。まず、車の写真が型破りなまでに小さい。ほとんどが空白か動物の絵で、車は後ろ向きだったりする。車より大きなロゴも、まさに子どもの落書きのようだ。全15段の新聞広告という高額媒体で、クライアントとしては商品を極力大きく詳しく見せたいのが常。他社が驚くのも無理はないが、当のホンダは「素晴らしい!」と一発OK。この仕事で佐藤はブランディングの方法論をつかみ、現在につながるクリエイティブのベースを築いた。

2011年には、ホンダの軽自動車カテゴリーをブランド化する戦略を担当。佐藤はホンダの歴史をひもとき、同社初の乗用車である「N360」に着想を得て、カテゴリーを「N」と命名。その後「N」シリーズは日本で一番売れている車へと成長した。

絵やロゴは佐藤の手描き。ステップワゴンのイメージである、子どもと一緒に遊びに出かける楽しさを、幼少期に夢見た風景や冒険への憧れと絡ませながら、絵本のような世界に表現した。キャンペーンは1996年から8年間続き、大きな反響を呼んだ。

スピードはひかえめに。シートベルトをしめて安全運転。
人と、地球に「夢・発見・ドラマ」を。HONDA
HONDA Step WGN
こどもといっしょにどこいこう。
ステップ ワゴン！しんはつばい。
Where shall we go with the kids?
HONDA
できました、家族みんなの新ジャンル、FF1.5BOXライトミニバン○ひろびろ楽しいフラット低床○8人らくちん自在のシートバリエーション○静か、エコノミー、安全ボディ。ほら、うれしい。「ステップ ワゴン」新発売。
ステップ ワゴン デビューフェア
5/11 SAT 12 SUN
お近くのホンダ販売店へ、お気軽にどうぞ。
東京都地区希望小売価格
Nタイプ FF5人乗り 154.8万円
Gタイプ FF8人乗り 179.8万円
Wタイプ FF8人乗り 214.8万円
0120-112010
会員募集中
キャッシュバック＆チャリティ ホンダCカード

Step WGN★DeluXee!
こどもと
いっしょに
どこいこう。
ゆめいっぱいの ステップワゴン★デラクシー！
Step WGN・whitee!
こどもといっしょにどこいこう。
Step WGN★DeluXee!
こどもといっしょにどこいこう。
ゆめいっぱいの ステップワゴン★デラクシー！
Step WGN・whitee!
こどもといっしょにどこいこう。
ステップワゴン・ホワイティ！

Step WGN ＊ Whitee!

こどもといっしょにどこいこう。

HONDA

★ NEW Step WGN ★

★ あたらしいのがやってきた。
こどもといっしょにどこいこう。

＊where shall we go with the kids?＊

HONDA

★シートの質感とびきりアップ！ インテリア充実だね。★いろいろできるよ。やってみて。 シートアレンジ充実にね。★さらに便利に、快適に、

HONDA Step WGN

こどもといっしょにどこいこう。ステップワゴン！たのしいぞ。

Where shall we go with the kids?

HONDA

HONDA Step WGN

人と地球に「夢・発見・ドライブ」を。HONDA

ステップワゴン たのしいぞ！

Where shall we go with the kids?

いっしょにどこいこう。

Photo: W type in Thyme green pearl equipped with optional parts.

HONDA

みんなの新ジャンル、FF1.5BOXライトミニバン ○ひろびろ楽しいフラット低床 ○8人らくちん自在のシートバリエーション ○静か、エコノミー、安全ボディ。ほら、うれしい。「ホンダ ステップ ワゴン」よろしくね

HONDA★STEP WGN
こどもといっしょにどこいこう。ステップ ワゴンいかしてる！
たのしいぞ！走りはぐんぐん、きもちよくドライブだ。
室内ひろびろ、乗り降りラクラク、いいね、みんなすっかりゆったり気分。
Gコントロール技術で安全だってきっちりと。さあ秋のお出かけ、わくわくするね！
JANUARY
FEBRUARY
MARCH
APRIL
MAY
JUNE
JULY
AUGUST
SEPTEMBER
OCTOBER
NOVEMBER

ぴっかぴかの新色だよ！きれいでしょ〜
そのうえ、走りはきもちいいし、
室内はひろびろゆったり。
Gコントロール技術で安全もきっちり、
いうことなしだね。さっそくおでかけ、たのしいぞ！
ステップワゴンステキっぽい！
こどもといっしょにどこいこう。

ボーイッシュでカジュアルな車を印象づけた「インテグラ」に対し、エレガントな大人の風格を打ち出した「プレリュード」。「印象的なライトだけをスパッと見せて、あとは出さない。そのほうがソソると思った」

スピードはひかえめに、シートベルトをしめて安全運転。

人と、地球に「夢・発見・ドラマ」を。HONDA

COUPE TECHNOLOGY. PRELUDE

NEW PRELUDE

COUPE TECHNOLOGY:
ATTS [Active Torque Transfer System]
S-MATIC [Sequential Sports Shift]
AFB [Honda Acoustic Feedback Sound System]
4WS [4-Wheel Steering System]
2.2L DOHC VTEC ENGINE

ATTS

めざしたものは、ザ・クーペ。大人のための、真のクーペ。それを完成させるべく、私たちホンダは、新たなテクノロジーの数々をこの一台に結集させました。始めにご紹介するのは、ATTS(アクティブ・トルク・トランスファー・システム)です。これは、コーナーをよりシャープに、より自然に曲がるために開発したハンドリングシステムです。通常、FF車は旋回中に加速させると、コーナーの外へふくらんでいこうとします。そこでATTSは、外側の前輪に積極的に駆動力を配分。外輪を増速させ、内輪を減速させることでクルマの曲がる力を高めるのです。例えば、手漕ぎのボートをご想像ください。一方のオールを強く漕ぐと、ボートは曲がりだします。ATTSの原理もこれに似ていると言っていいでしょう。まるで、狙ったラインをそのままトレースするかのような、安定したコーナリング感覚。それがいま、ここに実現したのです。(ATTSはType Sに標準装備)

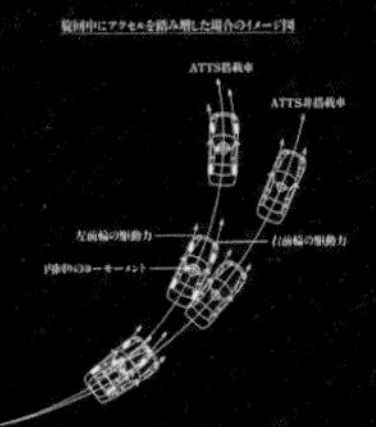

S-MATIC

NEWプレリュードでは、走りの悦びを深めると同時に、走りに幅をもたせることも追及しました。その成果が、S-MATIC(シーケンシャル・スポーツ・シフト)です。ATモードではゆったりした快適なクルージング。しかしひとたびシーケンシャルモードに切り替えれば、俊敏な走りの本能をあらわにする。そんな2つの走りが自在に選択できる、新開発のトランスミッションです。ATモードは、ゲート型。確実なシフトチェンジが可能です。ボタン操作も省き、扱いやすさも高めました。シーケンシャルモードは、レバーを前に倒せばシフトアップ、後ろに倒せばシフトダウンとなります。しかもS-MATICでは、フルダイレクト制御により各モードに適した変速時間を設定。ATモードではショックのほとんどない変速を、シーケンシャルモードではタイムラグを最小限に抑えたきわめてクイックな変速を実現しています。(S-MATICはXi、Si、SiRに設定)

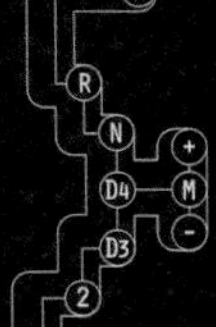

4WS

かつてホンダが、世界で初めて市販車に採用した4輪操舵システムをさらに進化させました。高速道路でのレーンチェンジなどの際も、より安定感のある走りをもたらします。また、後輪を前輪と逆の向きに切ることで、クラストップレベルの最小回転半径4.7mを実現。車庫入れや縦列駐車も、ますますスムーズにできるようになりました。(4WSはSi、SiRにメーカーオプション)

AFB

ホンダAFB(アコースティック・フィードバック)サウンドシステム。これは走行中のサウンドを限りなく原音に近づける、カーオーディオでは世界初のシステムです。ロードノイズなどで乱れた音を専用マイクで拾い、AFBアンプへフィードバック。元の音との違いを検知して余分な音や足りない音を瞬時に補正、クリアな音場を再現します。(AFBはSiR、Type Sに標準装備)

新プレリュードデビューフェア 11/16・17

ご試乗された方に、特製オリジナルCDをプレゼント。

「TRY THE VERNO 体感試乗キャンペーン」実施中!

東京都地区希望小売価格

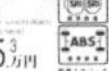

Xi 168.3万円

Si 188.3万円

SiR 218.3万円

Type S 265.3万円

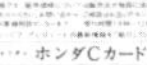

0120-112010

http://www.honda.co.jp/PRELUDE/

ホンダCカード 会員募集中

VERNO

ホンダベルノ店からお届けします

エコドライブ、美しい環境とモビリティの楽しさを次世代へ。

Hello, small world!

あたらしい日本ののりもの

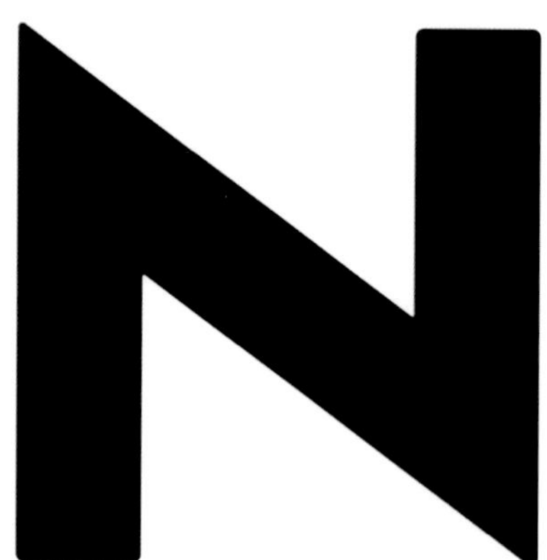

想いを胸に、私たちはあたらしいクルマづくりを始めます。目指すのは、余分なものをそぎ落とし、小さくて、シンプルで、誰もが使いやすい
人の足となり、日本の日常に大きなよろこびを届けてきました。今回、当時の想いはそのままに、独自の技術センタータンクレイアウトを採用。
がては、乗る人の生き方さえも変えていくと思うから。これからつぎつぎとお届けする“Nシリーズ”。その第一弾が、いよいよ走り出します。

HONDA

HONDA
The Power of Dreams

NEW
NEXT
NIPPON
NORIMONO

NEW：毎日をあたらしくすること。／NEXT：つぎのスタンダードになること。／NIPPON：それがきっと、日本を大きく変えていく。／NORIMONO：この国に、そんなのりものを、もう
のりものです。ふりかえれば、1967年。私たちは、頭文字“N”にのりものという意味をこめた“N360”をつくりました。「移動のよろこびを全ての人へ」という願いから生まれたその小さな
さらに、エンジンルームを限りなく小さくすることで、思わず声の出る圧倒的な広さを突きつめたのです。Hondaはこの一台から、軽自動車を、そして、クルマをもう一度変えていきたい。それが

PROJECT 17 >> 東京都交響楽団 TOKYO METROPOLITAN SYMPHONY ORCHESTRA

ボトムアップの議論から、VIを生み出す。

目を凝らすと、赤と青の線が交差する点は、目の錯覚によって、違った明るい青に見える。相反するものが交ざって新しいものができることを象徴しているよう。ロゴ決定後、作られた新ロゴのステッカーを楽団員たちが楽器ケースに貼り、海外公演へ。このとき、自分たちで選んだ新しいロゴをみんな実感したという。

VI（ビジュアルアイデンティティ）を依頼された佐藤から見て、問題が2つあった。まず、「東京」と名のつくオーケストラがほかにいくつもあり、混同されがちなこと。次に、マークのようなものが3つも存在し、バラバラに運用されていたこと。2015年の創立50周年に向け、社会に対して都響のアイデンティティをもっと明確に打ち出す必要があった。

ロゴ決定までのプロセスは、佐藤にとって興味深いものだった。経営者にヒアリングすることの多い企業と異なり、奏者も入ったロゴマーク選定委員会が組織されたのだ。そこで、「僕に頼んだからといって、ポンとできるわけじゃありません、自分たちで都響とは何なのかをきちんと考えていきましょう、と言いました」。委員会でディスカッションを重ね、アンケートを楽団員に取ってもらう〝宿題〟も課した。

その結果浮き彫りになったのは、力強さと繊細さ、迫力と正確など、正反対のイメージばかり。当初「矛盾する……」と戸惑った佐藤だが、指揮者にこんな話を聞く。オーケストラは指揮者によって色が変わるほうがいい、両極端な表現ができるほうが、実力があるのだと。

佐藤は相反するものが交ざって出来上がる強さをコンセプトに、ロゴを作る。五線譜の五線がモチーフだ。赤と青の色も、情熱と冷静など、相反する意味合いで選んだ。「最終的に4案から選んでもらったのですが、選ばれたロゴと、僕がいちばんいいと思っていたロゴが一致していたのは嬉しかったですね」

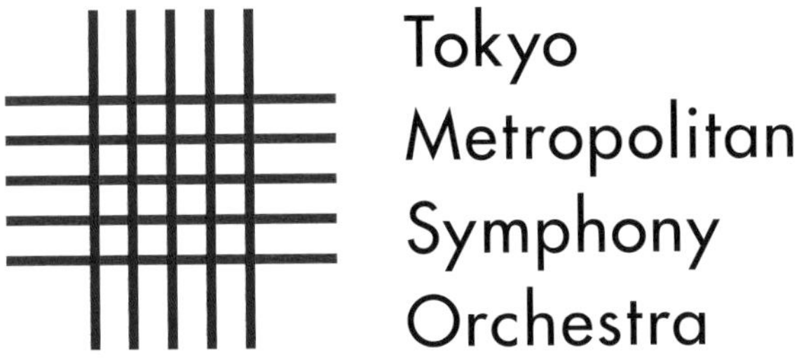

東京都交響楽団

PROJECT 18 >> KAJIMOTO カジモト

固定観念を突き破る、遊び心満載のロゴ

一見すると、クラシックらしくないどころか、音楽の会社かどうかもわからないロゴ。しかしそれこそが、社名から「音楽事務所」を取ることを提案した佐藤の狙いでもある。「クラシックの本質は音楽の素晴らしさにあり、それは変える必要がないけれども、その伝え方は時代に合わせてアップデートするべきだ」

日本のクラシック音楽はいま、形式にとらわれ、音楽そのものの本質から少しずれているんじゃないか。そんな思いを長年いだいていたクラシックの老舗、梶本音楽事務所（現・KAJIMOTO）の梶本眞秀社長が「SAMURAI」の門を叩いた。

1995年ごろから様々な新しい試みを行い、2005年からは音楽祭「ラ・フォル・ジュルネ・オ・ジャポン」を毎年開催。数多くのアーティストが参加し、3日間で何十公演も開くこの音楽祭は、いままでのクラシックコンサートの常識を覆して100万人を集客する成功を収めたが、会社のロゴは1951年の創業時のままで、実態に即していなかった。

そこで、佐藤にブランディングを依頼。「従来のクラシックの既成概念を打ち破るようなロゴにしました。積み木のように、柔軟に組み替えられる。この会社の無限の可能性とチャレンジをコンセプトに表現しました」。さらに佐藤は、社名を「カジモト」に変えたらどうか、と提案もした。梶本音楽事務所はパリと上海にも事務所をもち、もはや音楽という枠も超えたエンターテインメントを提供している。

梶本社長の考えを、形にしていく佐藤。コンサートのチラシはどれも非常に似ていて、どの事務所のものかわからない。それを変えアイデンティティを打ち出したいと聞けば、イメージを刷新するチラシのフォーマットを作った。

〝音を楽しむ〟という本質に回帰し、マニアだけでなく、多くの人に聞いてもらいたい。そんな想いも、デザインが叶えていく。

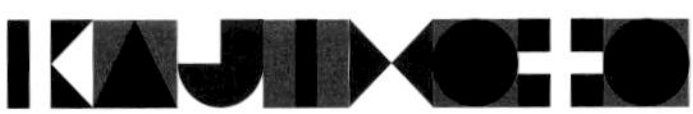

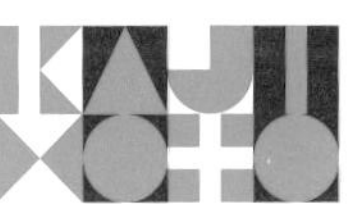

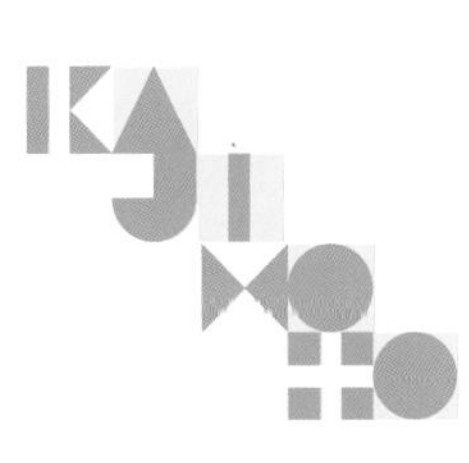

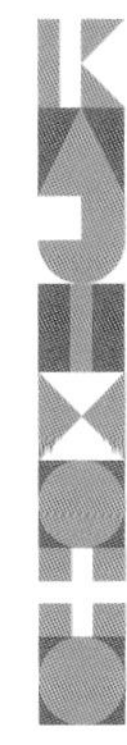

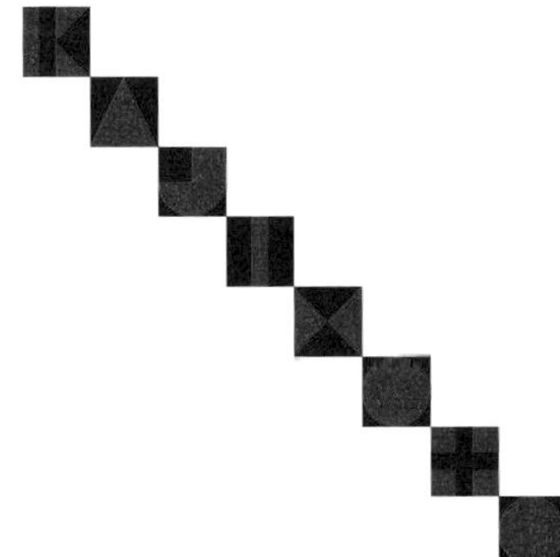

PROJECT 19 >> ロフト LOFT

脱・マス広告。客もメディアになる新しい仕掛け。

クリスマスやバレンタインデーだけでなく、ハロウィン、母の日や父の日などにも制作。プレゼントにしたり、全種類を揃えたくてロフトに足を運んだ人もいるのではないだろうか。

博報堂に入社して1年目、佐藤は大阪へ転勤となり、梅田ロフトの広告を担当した。ロフトといえば、黄色に黒文字のロゴ。１９８７年に田中一光がデザインしたもので、それを用いた紙袋は、ロフトにとって象徴的な存在だ。佐藤は、その黄色い紙袋をモチーフに、何パターンものポスターを制作した。

それから10年後、佐藤は再びロフトを手掛けることとなる。しかし、リサーチをするうちに、かつての黄色と黒のイメージバリューが低下していることを認めざるを得なかった。

「10年前とは広告の考え方も全然違う。以前のようにポスターをポンとつくっても効かない。みんな、手に取れるものが一番リアルなんです」

そこで佐藤は、今度はポスターに頼るのではなく、クリスマスやバレンタインデーといったシーズン・プロモーションごとに何パターンものスペシャルバッグを制作。「手に取れる広告として、紙袋を拡散させる」という、10年前とは逆のアプローチでキャンペーンを展開した。グラフィックの楽しさに満ちたこの試みは、別のデザインのものも欲しいと思わせることで、また買い物に来ようという行動意欲を掻き立てた。

ロフトで買い物をし、紙袋を持ち歩くことで、客は知らず知らずのうちに、ロフトの広告を街に流通させるメディアの一部となっている。店内のディスプレイや店員のTシャツも、紙袋と同じデザインでキャンペーンごとに変化させ、さらにオリジナルのノートやメモ帳にも発展し、２０１４年まで続いた。

2.14
GIRLS BE AMBITIOUS
VALENTINE'S DAY
LOFT
THANK YOU! DADDY
HALLOWEEN SHOW!
LOFT
THANK YOU! MAMA
THANK YOU! MAMA
HALLOWEEN SHOW!
HALLOWEEN ALL STARS
HALLOWEEN SHOW!
LOFT
HALLOWEEN SHOW!
LOVE & LOFT
Thank You ! Mam
CHRISTMAS STARS
THANK YOU! DADDY.
LOVE WHITE DAY
THANK YOU! MAMA.
5.9 MOTHER'S DAY
LOFT SUMMER FESTIVAL
HAPPY HALLOWEEN
LOFT
JOY
I LOVE YOU TOO
3.14
WHITE DAY
LOVE & LOFT
Merry Christmas
LOFT

LOFT
SUMMER
FESTIVAL
7.18–8.16

THANK YOU! MAMA.
ish your happiness.
ou are the only one.
ove You. MAMA!
5.10(sun)
Mother's Day
LoFt
THANK YOU! DADDY.
I WISH YOUR HAPPINESS.
YOU ARE THE ONLY ONE.
I LOVE YOU. DADDY!
6.21(sun)
Father's Day
LoFt

LOVE
WHITE
DAY 3.14
09
LoFt
LOVE
VALENTINE'S
DAY 2.14
09
LoFt

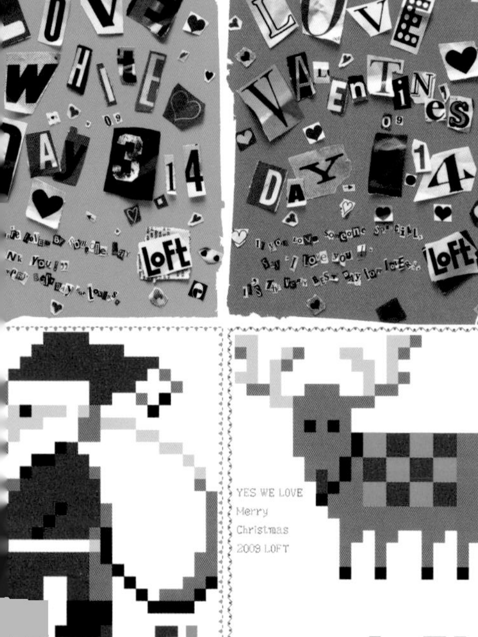

YES WE LOVE
Merry
Christmas
2009 LOFT
LoFt

LOFT HAPPY HALLOWEEN
HAPPY
LoFt
LoFt
LoFt
HALLOWEEN
LOFT HAPPY HALLOWEEN

CHRISTMAS STAR! LoFt
HALLOWEEN
www.loft.co.jp

YES WE LOVE
Merry
Christmas
2009 LOFT
LoFt

Merry Christmas
LoFt
LOFT SUMMER FESTIVAL 2008.6.16 - 8.17
LOFT SUMMER FESTIVAL 2008.6.16-8.17
HANABI / CAMP
ASAGAO / BEACH
B.B.Q. / SENSU / FURIN
MATSURI / T-SHIRTS
SUNCARE / OMIYAGE / DIET
TANABATA / KINGYO
KAKIGORI / TENUGUI
and other....
THE HALLOWEEN ATTACKS TOKYO
2010 THANK YOU VERY MUCH!
Don't Stop LOVE.
I LOVE YOU TOO.
YOU ARE SPECIAL
HOPE
3.14
HAPPY
THIS IS TRUE LOVE.
I NEED YOU!
WHITE DAY
THANK YOU! MAMA.
5.9 MOTHER'S DAY
thank you! mama.
THANK YOU! MAMA. 5.11 MOTHER'S DAY
LOVE & LoFt
2008 LOVE & LOFT WHITE DAY
HALLOWEEN ALL-STARS
HA! HA!! HALLOWE

PROJECT 20 >> パルコ PARCO

広告黄金期の輝きに、新たな時代のパワーを注入。

エレイン・コンスタンティンとコラボレーションした広告では、「バルーン・バトル」というコンセプトのもと、風船をぶつけあう少女たちをハイスピードカメラで撮影したCMが話題に。ミレニアムの到来に不安要素もあった世の中の空気感を、お祭りムードで一掃するパワーは、ワンシーンを切り取ったポスターにも顕著だ。

西武線沿線で育った佐藤が10代を過ごした1980年代、街で目にするセゾングループのポスターは広告黄金期の象徴だった。なかでもパルコの広告は前衛的で、池袋駅が斬新なビジュアルやコピーでギャラリーのように彩られていた様は忘れられないという。

「名だたるクリエイターたちが活躍していた、まさに憧れの企業。パルコの広告が、デザイナーを志したきっかけのひとつであることは間違いありません」

だが、博報堂入社後に満を持してパルコを担当することになった99年には、街にあふれるセレクトショップの台頭などにより、ファッションビルは正念場を迎えていた。

「だからこそ、かつての輝きを継承しつつも、新たな時代に向けた力強いメッセージが必要だと思いました」

パルコの強みである「センス」を、新しい時代性とともに堂々と打ち出していこう。こう考えた佐藤は、コピーライターの前田知巳と協働し、「DISCOVER 00'S SENSE.」というスローガンを考案。企業広告には世界的なファッション写真家のエレイン・コンスタンティンを起用して、瑞々しいエネルギーがあふれるCMを発表した。

さらに、グランバザールのポスターでは、色面だけでの画面構成で広告コミュニケーションの新しい形を展開。新たなミレニアムの到来とともに、パルコの新しい幕開けを鮮やかに世に知らしめた。

ISCOVER 00'S SENSE.
PARC

ARCO
GRAND BAZAR
6 THU - 16 SUN

GRAND BAZAR
.4 WED - 15 SUN

DISCOVER 00's SENSE. PARC

PROJECT 21 >> ビューティーエクスペリエンス BEAUTY EXPERIENCE

社名から空間まで、一気通貫のブランディング

佐藤のブランディングは、相手の思いを整理することから始まる。そこから導き出された新たなミッションを、社名変更に至るまで全面的に展開したのが「beauty experience」のプロジェクトだ。

始まりは、2015年に創業40周年を迎えるヘアケアメーカー「モルトベーネ」からの、ロゴ刷新依頼だった。ヒアリングを重ねて導き出したのは、商品を売るだけにとどまらない、「人生に新しい美の体験を」というミッション。今後の展開を視野に入れた佐藤は、「ミッションをダイレクトに伝える社名に変更したほうがいいのでは」と提案。新しい美の体験を通して豊かな感動を届けるという、まさに企業の方向性を明確に示す「beauty experience」となった。

ロゴは、ミッションの核となる「美」という漢字をモディファイ。艶やかな紫色で表現された、ブランドの個性を印象づけるデザインだ。さらに、このロゴを軸にすることで、空間デザインにも統一性をもたせた。イベントや撮影に使うスタジオの空間デザインをSAMURAIが手がけ、ロゴをアートに展開して表現。東京スタジオではロゴをモチーフにした布を天井から吊り下げ、大阪スタジオでは収納やシンクに美しいグラデーションを展開するなど、世界観は統一しつつも異なるデザインでそれぞれ違うエクスペリエンスを提供できる空間に仕上げた。

「社名、ロゴ、空間。ミッションを一気通貫させることで、企業ブランディングの最新形を実現できたと思います」

「美」をモチーフにしたロゴ(P120右上)のイメージを、全国4カ所のスタジオで展開。東京(P119)、大阪(P121左上)、名古屋(P120-121中)、福岡(P120-121下)と、すべて異なる表現のアートに落とし込みつつ、全体の世界観は統一。2015年の社名変更から2019年の大阪スタジオ完成まで、5年をかけたブランディングとなった。

beauty experience
beauty experience

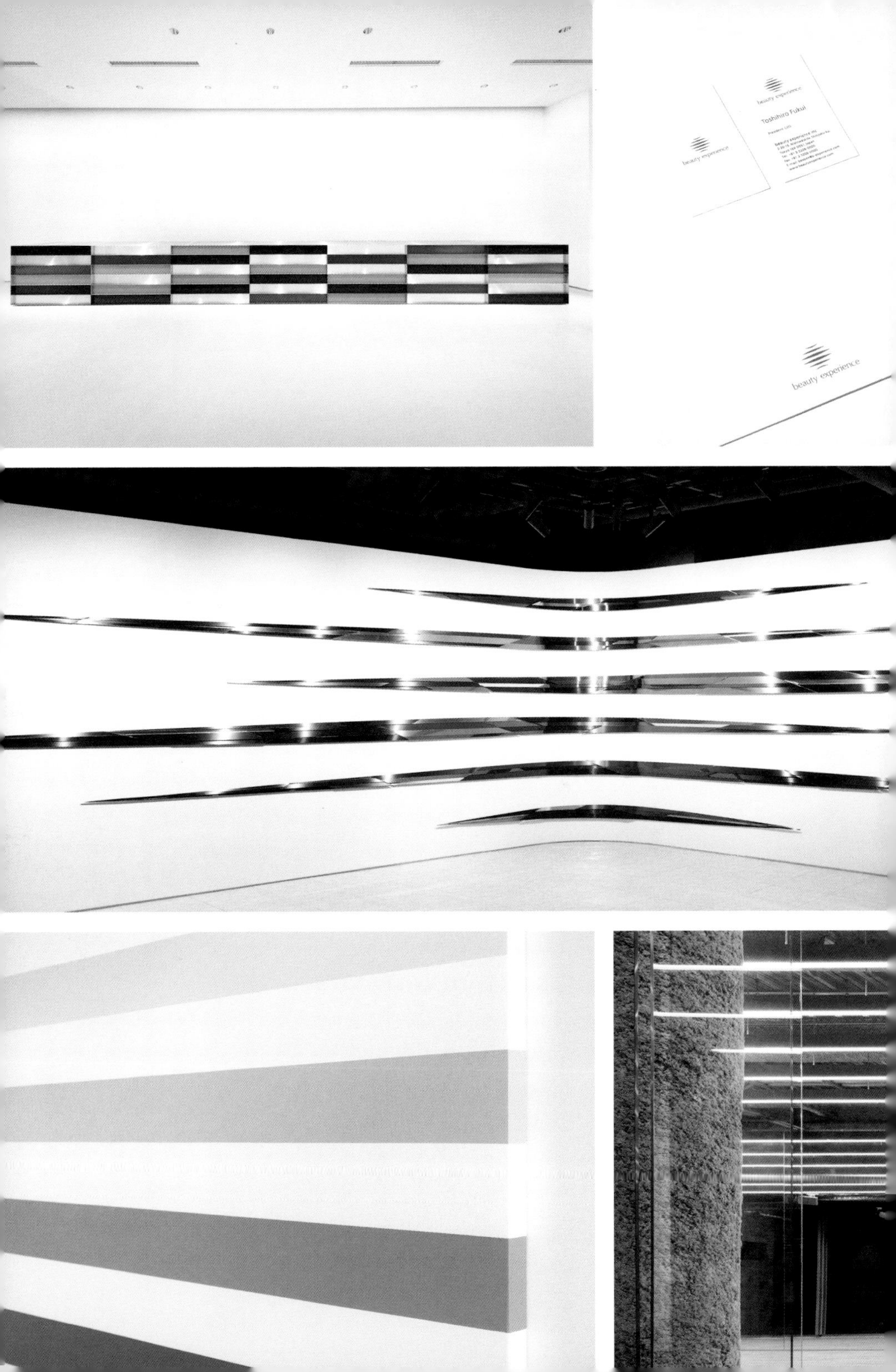
beauty experience
Toshihiro Fukui
beauty experience
beauty experience

PROJECT 22 >> 千里リハビリテーション病院

SENRI REHABILITATION HOSPITAL

病院の空間に、アートと木の温もりを。

「リハビリテーション・リゾート」という斬新なコンセプトで、佐藤が病院のディレクションに挑んだのが2007年。心のリハビリが身体のリハビリも後押しするという橋本理事長の信念を、リゾートのように癒され、英気を養いながらリハビリに取り組める空間で具現化し、反響を呼んだ。着実な効果を上げ続けて10年、このコンセプトをさらに推し進めるべく、アネックス棟のプロジェクトも任された佐藤。

今回は、「木のもつ自然の治癒力」に着目し、壁、床、屋根、建具など、建物の内外に木材をふんだんに使用し、木の温もりと森林浴のような香りに包まれ、患者がリラックスして自発的に動き、活動量を増やせるような空間を目指した。

自然の力に加え、リハビリにクリエイティブの力を活かしたいという理事長の希望に応え、五感を刺激しながら機能回復を目指す「アートセラピー」も取り入れた。楽器が自由に使える音楽室、ろくろや電気窯のある陶芸室、絵画室、草木染やフラワーアレンジメントも行える園芸室も設け、院内の各所に佐藤のドローイングや有田焼の作品を配置。エネルギッシュなアートワークは、リハビリの試練に屈せず、自信や元気を取り戻してほしいという力強いメッセージでもある。

「建物も内装もアートも、すべて『リハビリテーション・リゾート』というコンセプトのもとに考え、設計しているからこそ、回復期のリハビリをサポートし、患者さんの意欲向上に働きかける力を生み出せたと思います」

2017年に新設されたアネックス棟。木の温もりあふれる空間の中で、佐藤の力強いアートワークが存在感を放つ。2020年に開院した東京・赤坂の訪問リハビリ専門クリニックでは、橋本康子理事長が目指す常に新しい時代のリハビリのあり方を提示できるよう、ディレクションを続けている。

Senri Rehabilitation Hospital

PROJECT 23 >> ワイマラマ WAIMARAMA

NZワインのラベルに、日本の美意識を宿す。

余白を活かした端正なラベル。「MINAGIWA」のほか、「CAGIRINA」「EMIGAO」「KIRARAKA」など、いずれも古語を用いたネーミング。最高級ラインの名前のみ「SSS」で、水面に映る三日月を思わせるロゴデザインだ(P127)。2021年の「佐藤可士和展」で限定発売される、オリジナルボトルもデザインした(P128右端)。

「ワインはアートであり、ひいてはカルチャーだ」。オーナーの佐藤茂と佐藤がこうした思いを共有したことから、ワイナリー「シャトー・ワイマラマ」のリブランディングが始まった。

新興著しいニュージーランド産ワインの中でも、繊細な手作業で希少なヴィンテージを生み出しているワイマラマは、背景のストーリーを含めたワインの価値をワインを愛する人々に伝えていきたいというのがオーナーの希望。佐藤はワインのネーミングからブランドのロゴやラベル、木箱のデザインまで、全体のブランディングを手掛けた。

ワイマラマとは、「水面に映る月光」を意味するニュージーランド先住民のマオリ族の言葉だ。ロゴの頭文字のWは、水面で踊るように映る月光をモチーフにしたもの。ワインのネーミングはコピーライターの斉藤賢司と協働し、「オーナーが日本人なので、歴史や文化的な背景を感じる日本の古語から考案しました」。

そのひとつ〝MINAGIWA〟は、〝波打ち際〟を表す。シャトー・ワイマラマの目の前には川が流れており、川が運んだ土壌がワインを育んでゆく——。そうした背景をイメージさせる、余韻のあるネーミングだ。ラベルデザインは、ロゴや情報を控えめに小さく記し、優美な筆記体のワイン名を斜めに配置。「日本的な〝間〟を意識した」というように、ワインの品格を物語るような余白が美しい。小さなラベルに集約された美意識は、文化としてのワインの価値を明確に担っている。

Reserve Selection

2010

Produced & Bottled by
Chateau Waimarama
31 Waimarama Road Havelock North,
Hawkes Bay

NEW ZEALAND WINE

SSS-II

Cabernet Sauvignon
2009
SSS
NEW ZEALAND WINE
WAIMARAMA

Cabernet Merlot
2018
SSS-I

2018
SSS-II

2016

SSS

SSS-1

Minagiwa
WAIMARAMA

Cagirina
WAIMARAMA

Emigao
WAIMARAMA

Kiraraka
WAIMARAMA

PROJECT 24 >> 三輪山本 MIWA YAMAMOTO

老舗の未来を見据え、パッケージを大胆に刷新。

純白の箱に浮かび上がる、繊細かつシャープなラインで構成された「白龍」の文字。すっきりとモダンな雰囲気を漂わすパッケージの中身が、そうめんだと聞けば驚く人も多いだろう。

手延べそうめん発祥の地として知られる奈良県三輪地方の中でも、「三輪そうめん山本」は、1717年から歴史を育んできた老舗。創業300周年を迎えるに当たって、コーポレートロゴと同社を代表する商品のパッケージの刷新を託された。ブランドの未来を考えた佐藤は、そうめんだけにとらわれない商品開発の広がりを見据え、社名を「三輪山本」に変更することを提案。落款を現代的に再解釈したロゴデザインで、歴史ある土地で伝統を培ってきた同社の歩みを表現した。

「商品パッケージに関しては、競合商品も含め、従来のそうめんは筆文字が使われることがほとんど。売り場での差別化のためにも、重ねてきた伝統と現代のライフスタイルとの調和を目指し、ブランドの未来を感じさせるようなデザインにしました」

こうして完成した人気商品「白龍」のパッケージは、そうめんのオーセンティックな印象を軽やかに打ち破った。日本語と英語を併記したロゴは、同社の独自技術によってつくられる極細麺から着想されたものだ。繊細な技術の伝承製法からインスピレーションを得て、伝統と新しさを両立させたシンプルだが心に残るデザイン。モダンに生まれ変わった老舗は、未来に向けて新たな時を刻み始めた。

2017年にリニューアルされた、「白龍」のパッケージデザイン。縦方向に通る中心のラインは、新しい食文化を創造するという強い意志を表現し、落款の赤はものづくりへのたゆまぬ情熱を表す。コーポレートロゴをグラフィカルに展開した包装紙は、ロゴを90度ずつ回転させて配置することで、リズミカルな変化を生んでいる。

HAKURYU

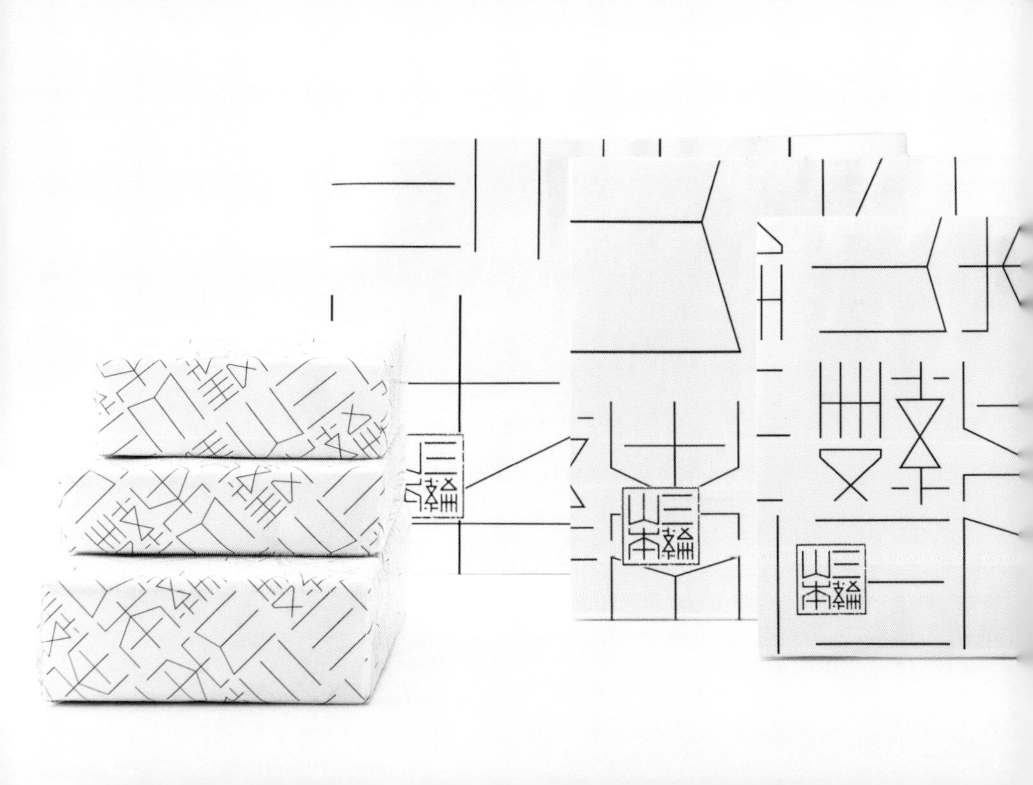

PROJECT 25 >> えいごであそぼ EIGO DE ASOBO

ビジュアルを活用し、色鮮やかにリニューアル

テレビ番組のデザインという、佐藤にとって新領域でのクリエイションとなったのが、NHK Eテレ『えいごであそぼ』の2005年のリニューアル。とはいえ、ビジュアルを使った瞬間的なコミュニケーションという視点で捉えれば、むしろ得意中の得意分野だ。

「僕が最初にNHKの方に言ったのは、英語という商品を、子どもというターゲットに広告するつもりでやりましょう、と。その商品がいかに面白く楽しいかを伝えるスタンスができれば、やるべきこともわかってくる」

まず、リニューアル以前はヒアリング中心だった内容を全面的に見直し、カラフルでスピード感溢れるアニメーション映像を最大限に活用、英語を視覚的に覚えられるようにした。たとえば、英単語の意味をわかりやすく教えるキーワードアニメのコーナーでは、「HOT」と「COLD」、「IN」と「OUT」といった言葉の違いを瞬間的に伝達。子どもたちにとってアニメーションの力は強く、一目でキャッチしてしまうだろう。

キッズと一緒に英語を学ぶ仲間たちとして、毛ぼこりからイメージした「ケボ」とお餅から着想した「モッチ」という新キャラクターも誕生させた。「部屋の隅とか机の下にいつのまにかふわふわ存在している毛ぼこりって、なんだか気になるもの」と佐藤。それまでのキャラクター開発とはかけ離れたシュールなペアだが、重要なのは設定よりも、子ども心を捉えるポップなビジュアルなのだ。

番組の構成からアニメーション制作までの主要な部分を佐藤がディレクションし、NHK Eテレで2012年3月まで放送された。子どもたちに人気だったキャラクター「ケボ」(左)と「モッチ」。

えいごであそぼ

えいごであそぼ
LET'S PLAY IN ENGLISH
banana
CHOCOLATE
PIG
CAT

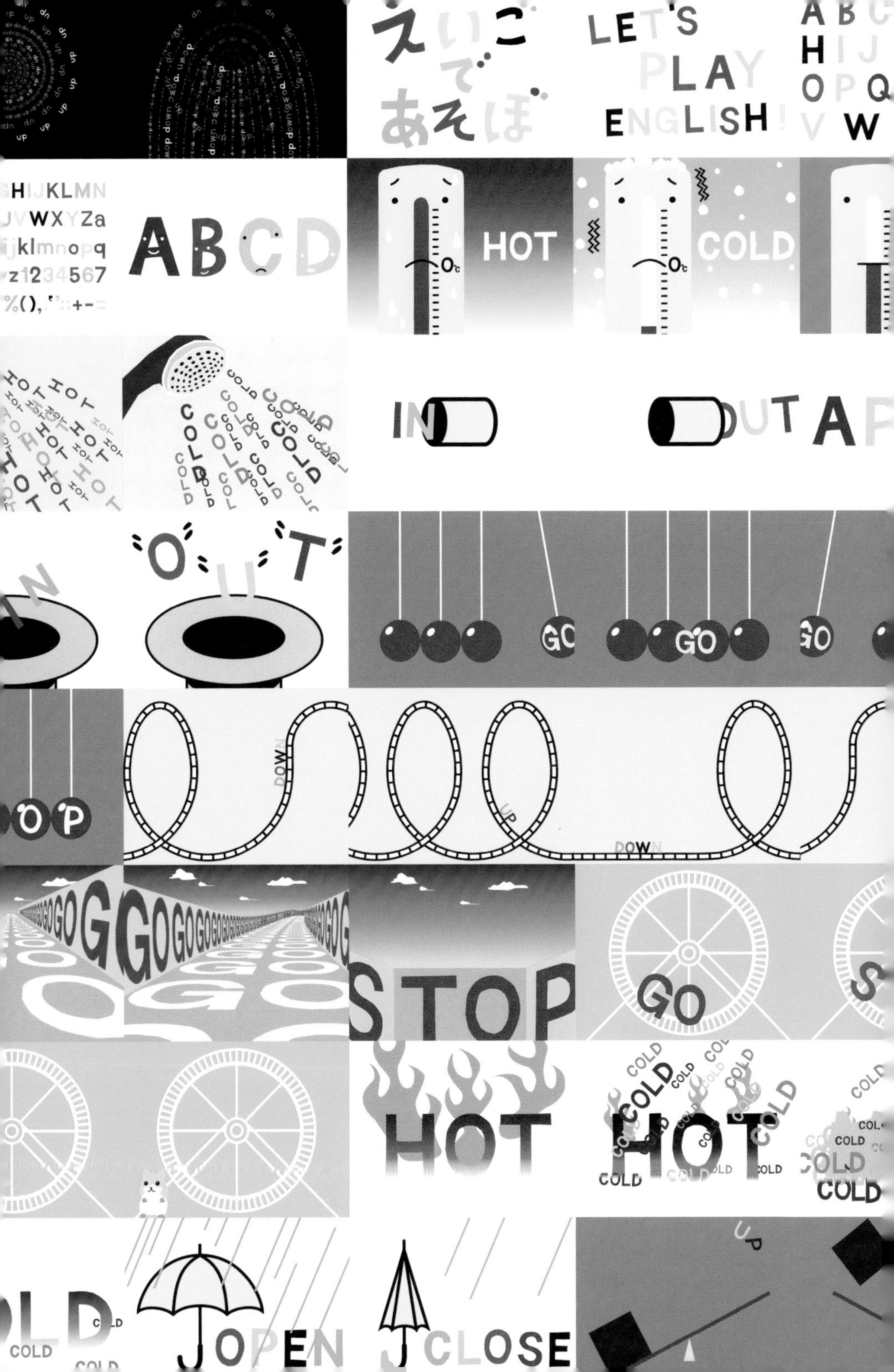

えいごであそぼ
LET'S PLAY ENGLISH!
ABCD
HOT
COLD
IN
OUT
GO
DOWN
UP
STOP
OPEN
CLOSE

PROJECT 26 >> イッセイ ミヤケ ISSEY MIYAKE

互いの領域が交わる、刺激的なコラボレーション

イッセイ ミヤケの2005〜2006年パリ・ミラノコレクションにおいて、デザイナー滝沢直己と佐藤は、多彩なコラボレーションを披露した。ファッションとグラフィック、あるいはコミュニケーションという互いの領域をリンクさせ、滝沢が考えたコンセプトを佐藤がビジュアル化。そのキーメッセージを滝沢が実際の服のデザインに落とし込むという、表現のリレーを繰り広げたのだ。

「滝沢さんは、ファッションという概念と、服というプロダクトの融合感覚的なアプローチと理論的なアプローチの両立がすごい。洋服の歴史や機能面にも詳しく、そうした知識もリミックスしながらのクリエイションが刺激的でした」

05年春夏コレクションのテーマは「HIP POP PANTS」。多彩な音源をサンプリングして構成するヒップホップのように、パンツというアイテムを再構築したコレクションだ。佐藤は、タイポグラフィを解体し連続させ、テキスタイルのモチーフをつくった。

デザイナー同士の頭脳がクロスするファッションの仕事は「感覚的なやりとりが面白い」と佐藤。「アーティストとのコラボレーションに近い。僕は、クライアントによって自分の立ち位置を変えていくんです」

また、DM制作においても、モデルを使ったファッションフォトではなく、デザインコンセプトにインスパイアされた手法で、イッセイミヤケらしいコンセプチュアルな世界へと誘う表現を試みた。

05年春夏コレクション「HIP POP PANTS」のDM。コンセプチュアルなアプローチで佐藤がデザインした二次元のキービジュアルから、ショーや店頭で出合う立体の服へとイメージをつなげる試みだった。

HIP POP PANTS
ISSEY MIYAKE BY NAOKI TAKIZAWA SPRING & SUMMER 2005

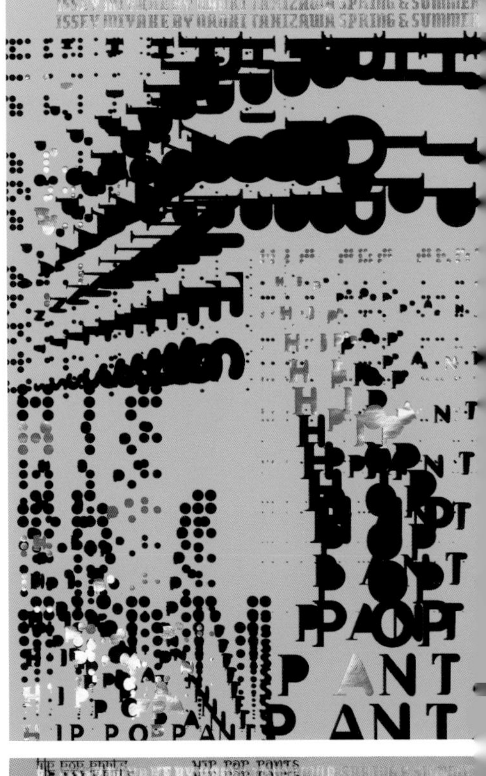
ISSEY MIYAKE BY NAOKI TAKIZAWA SPRING & SUMMER

ISSEY MIYAKE BY NAOKI TAKIZAWA SPRING & SUMMER 2005
ISSEY MIYAKE BY NAOKI TAKIZAWA SPRING & SUMMER 2005
HIP POP PANTS

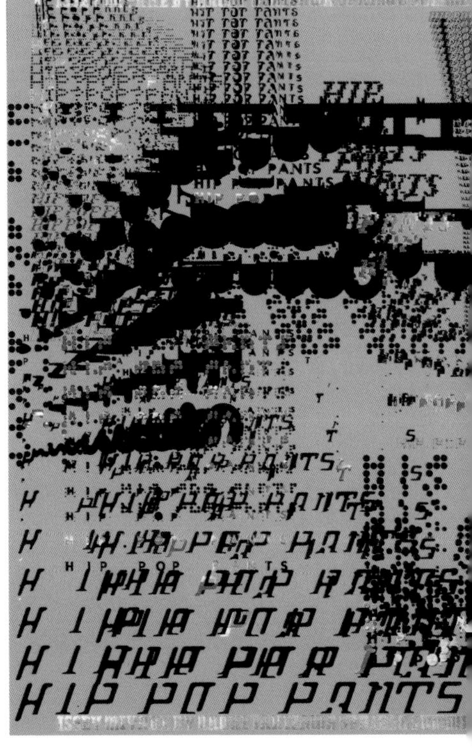
HIP POP PANTS

ISSEY
MIYAKE
BY NAOKI
TAKIZAWA
2006
SPRING
& SUMMER
INVITATION

06年春夏コレクション「IN THE MOOD OF PAINTING—絵を描きたい気分」。滝沢のコンセプトを佐藤がタイポグラフィ化したアイテムを発表。六本木ヒルズ店のウィンドーディスプレイも手がけた。

PROJECT 27 >> 日清食品 NISSIN FOOD PRODUCTS

不文律は「ユニークじゃなければ、日清食品じゃない」。

「カップヌードルミュージアムの仕事で、日清食品の歴史から哲学まで、日清の社員よりも日清のことがわかるようになった」と笑う佐藤。そんな日清食品の良き理解者に安藤徳隆社長は全幅の信頼を寄せ、商品開発から広告全般、コーポレートサイト、名刺、工場見学施設まで多岐にわたるクリエイティブディレクションを託している。

2011年、佐藤が外観から中身まで〝一館まるごと〟プロデュースし、1年弱で来場者100万人を突破した「カップヌードルミュージアム 横浜」。この成功を皮切りに14年には商品開発から手掛けた「カレーメシ」がヒット。「チキンラーメン」「日清焼そばU.F.O.」などのブランディングも託され、常に斬新で意外性にあふれたコミュニケーションで、消費者を楽しませてきたのが、日清食品の仕事だ。

近年の仕事で注目したいのは、創業者の安藤百福を侍として描いた、劇画調の社史だ。「安藤百福氏がインスタントラーメンを発明したオリジネーターだと世界に発信していこうと、16年に『SAMURAI NOODLES』というアニメーションを作り、日清食品のウェブサイトで公開しました。これを発展させる形で創業60周年記念社史を作ろうと。日清食品ならではの〝ハードボイルドコミック社史〟です」

この社史で世界最高峰の広告・デザイン賞のひとつ「D&AD」にて社史としては異例の「イエローペンシル」を受賞。また、見学施設のディレクションを担当した同社の関西工場はカップヌードルの蓋がエントランスの屋根になっているという空中をメディアとした印象的な空間デザインでACCグランプリを受賞した。

「ユニークじゃなければ日清食品じゃないという『NISSIN WAY』を軸に、コンセプトから緻密に組み立てた突破力のあるクリエイションを展開していく。それが日清食品のブランディングだと思っています」

NISSIN 日清食品ホールディングス
日清太郎
Taro Nissin
マーケティング部 第1グループ
ブランドマネージャー
〒160-8524 東京都新宿区新宿6丁目28番1号
TEL 03-3205-5111 FAX 03-3205-5059
E-mail t-nissin@mb1.nissinfoods.co.jp
URL www.nissinfoods.co.jp
CUP NOODLE
カップヌードル
NISSIN 熱湯3分、お鍋で1分。
元祖鶏ガラ
チキンラーメン
The Origin Of Instant Ramen
Since 1958
行列のできる店のラーメン
和歌山
まるで、生めん。
ラ王
U.F.O.
麺職人
ココナッツサブレ
BIG
Choco Flakes
チョコフレーク
ピルクル

キャラクターデザインをイラストレーター・岡崎能士が手掛けた日清食品の60周年社史。「この社史はフィクションです」で始まり、安藤百福氏がアメリカに手こぎボートで渡るという前代未聞の社史は注目を集めた。

次なる
食の地平を
切り拓く
天ぷら
できた!!
間油熱乾

えび、味付豚ミンチ、ねぎ)、スープ(糖類、粉末しょうゆ、食塩、香辛料、たん白加水分解物
香味調味料、ポークエキス、メンマパウダー)/加工でん粉、調味料(アミノ酸等)、炭酸Ca
かんすい、カラメル色素、増粘多糖類、カロチノイド色素、乳化剤、酸化防止剤(ビタミンE)、
香辛料抽出物、くん液、ビタミンB2、ビタミンB1、香料、酸味料、(一部にえび・小麦・卵・
乳成分・ごま・大豆・鶏肉・豚肉を含む)●内容量 77g(めん65g)●賞味期限
容器底面に表示●保存方法 においが強いもののそばや直射日光を避け、常温
で保存してください●調理方法 ①フタを半分まではがし、熱湯を内側の
線までゆっくり注ぐ②フタをして
3分でOK!●日清食品株式会社
大阪市淀川区西中島4-1-1
製造所固有記号は容器
底面下段右端に表示
お湯の目安量 300ml
熱湯
3分
プラ
外装フィルム:PP
紙
フタ
NISSIN
日清食品
ココカラ
ハガス
NISSIN

[上]日清食品関西工場に設けられた工場見学施設の内観。[右]同エントランス。

CUPNOODLES MUSEUM

「カップヌードルミュージアム 横浜」の外観および内観。「ミュージアムショップ」ではオリジナルグッズなど、ここでしか買えない限定アイテムも。

PROJECT 28 >> ヤンマー YANMAR

ブランドを、今あるべき姿にアップデート

プロジェクトでは、工業デザイナーの奥山清行氏がトラクターなどのプロトタイプを発表。農業&マリンウェアはファッションデザイナーの滝沢直己氏に依頼した。14年には大阪に本社「YANMAR FLYING-Y BUILDING」が完成。19年は「ヤンマーミュージアム」のリニューアルも手掛けた。

1933年、創業者が世界で初めてディーゼルエンジンの小型化に成功。以降、トラクターなどの農業用機械やボートなどを開発してきたヤンマー。2012年、100年の節目に「次の100年に向けたブランド戦略の構築を」というオファーを受け、佐藤がブランディングプロジェクトの総合プロデューサーに就任した。

まず提案したのは、「A SUSTAINABLE FUTURE――テクノロジーで、新しい豊かさへ。」というスローガンと、「FLYING-Y」と呼ばれる新たな企業ロゴだ。

「プロダクトに付くエンブレム（紋章）になることを前提にデザインしました。モチーフは、創業者・山岡孫吉氏のYとオニヤンマの羽。オニヤンマは稲穂が実ると飛ぶ豊作の象徴で、社名の由来にもなっているんです」

赤は「開拓者精神」「情熱」などを表し、「V」のフォルムは未来を切り拓く「先進性」や「技術力」を表現。多くの人が見てきた同社のキャラクター「ヤン坊マー坊」とは大きく異なる世界観だ。

「日本では、『ヤン坊マー坊』やトラクターのイメージが強いのですが、海外では世界最高レベルのボートエンジンの開発の方が知られているなど、国内外のイメージに大きな差がありました。ヤンマーの多岐にわたる事業領域のテクノロジーが実現するサスティナブルな未来をしっかり発信していくべきだと思いました」

企業の本質を見抜き、ブランドをアップデート。100年後、ヤンマーの印象は、私たちが想像できないほど変わっているだろう。

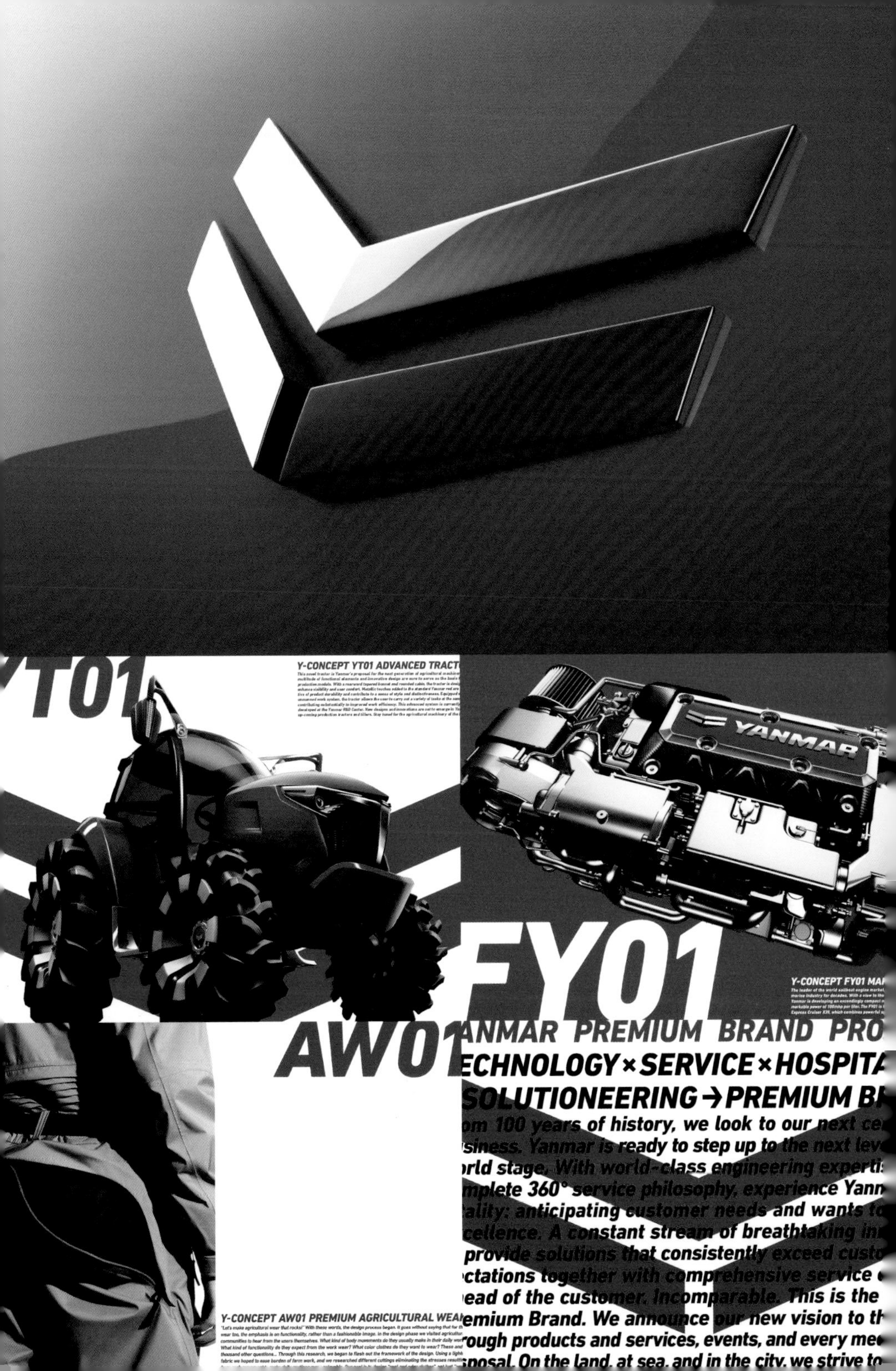
YT01
Y-CONCEPT YT01 ADVANCED TRACT
YANMAR
FY01
Y-CONCEPT FY01 MA
AW01
ANMAR PREMIUM BRAND PRO
ECHNOLOGY × SERVICE × HOSPITA
SOLUTIONEERING → PREMIUM B
om 100 years of history, we look to our next ce
siness. Yanmar is ready to step up to the next lev
rld stage. With world-class engineering experti
mplete 360° service philosophy, experience Yan
ality: anticipating customer needs and wants t
cellence. A constant stream of breathtaking in
provide solutions that consistently exceed cust
ctations together with comprehensive service
ead of the customer. Incomparable. This is the
emium Brand. We announce our new vision to t
rough products and services, events, and every me
sposal. On the land, at sea, and in the city, we strive to
Y-CONCEPT AW01 PREMIUM AGRICULTURAL WEA

PROJECT 29 >> グラフィックワーク GRAPHIC WORK

アイデアとテクニックのロジカルな実験場。

それまでの年賀状には2種類しかデザインがなかった。そこに「選べる」という行為の楽しさを提供。表面も5種類あり、クライアントに提案した案のすべてが採用されるという、珍しいケースでもあった。

「自分の軸足はグラフィックデザインにある」と話す佐藤にとって、ビジュアル表現を追求するグラフィックワークこそ、本領発揮できるホームグラウンドだ。

民営化後初のアクションとして話題となったデザイン年賀状は、若手社員からの指名。「民営化で変わったことを象徴するものを」という依頼に、5種類ずつ7パターンのデザインをつくった。本来はここから1つを選ぶ予定だったが、「どれも良くて選べない」と全採用になり、計35種類が発売された。

凸版印刷の「グラフィックトライアル」は、第一線で活躍するクリエイターが、ポスター制作を通して印刷表現の可能性を探る企画だ。佐藤は2011年に参加し、「印刷の規定値と限界値をデータ化する」というテーマを提案。重ね刷りの実験や、線と書体の数値比較をコンセプチュアルに可視化したポスターは「いまでも気に入っている作品」という。「グラフィックデザイナーが印刷所とやりとりするとき、〝強めに刷ってください〟とか〝もっと盛って〟と指定するけど、じゃあ盛るってどれぐらい？と。クリエイティブにおける曖昧で感覚的なブラックボックスを、もっとオープンにして可視化したかった。霧を晴らしてロジカルに語った方が、デザインは一般化する。僕が整理術の本を書いたりするのと同じです」。限られたスペースで情報を突き詰め、整理することが、佐藤のデザイン術なのだ。

A HAPPY NEW YEAR 2008

a HAPPY NEW YEAR 2008

50
日本郵便 NIPPON
2008 年賀
A HAPPY NEW YEAR
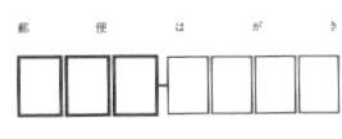
郵 便 は が き
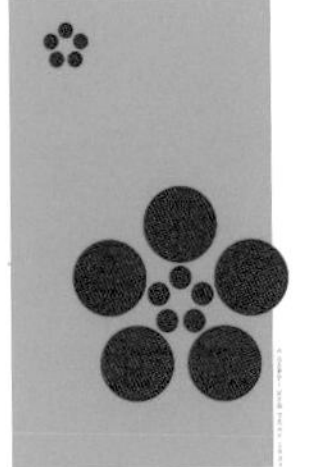

見本80円
【再生紙はがき】
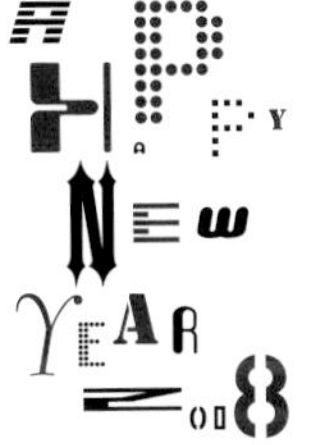

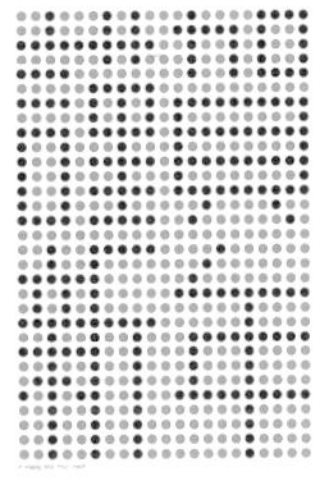

A HAPPY NEW YEAR 2008

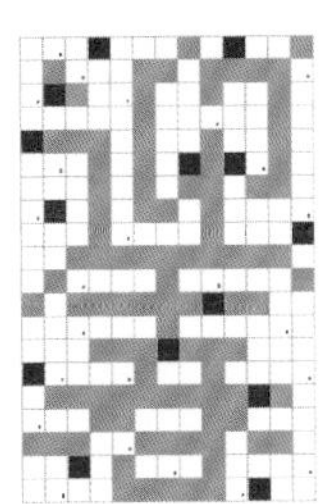

A HAPPY NEW YEAR 2008

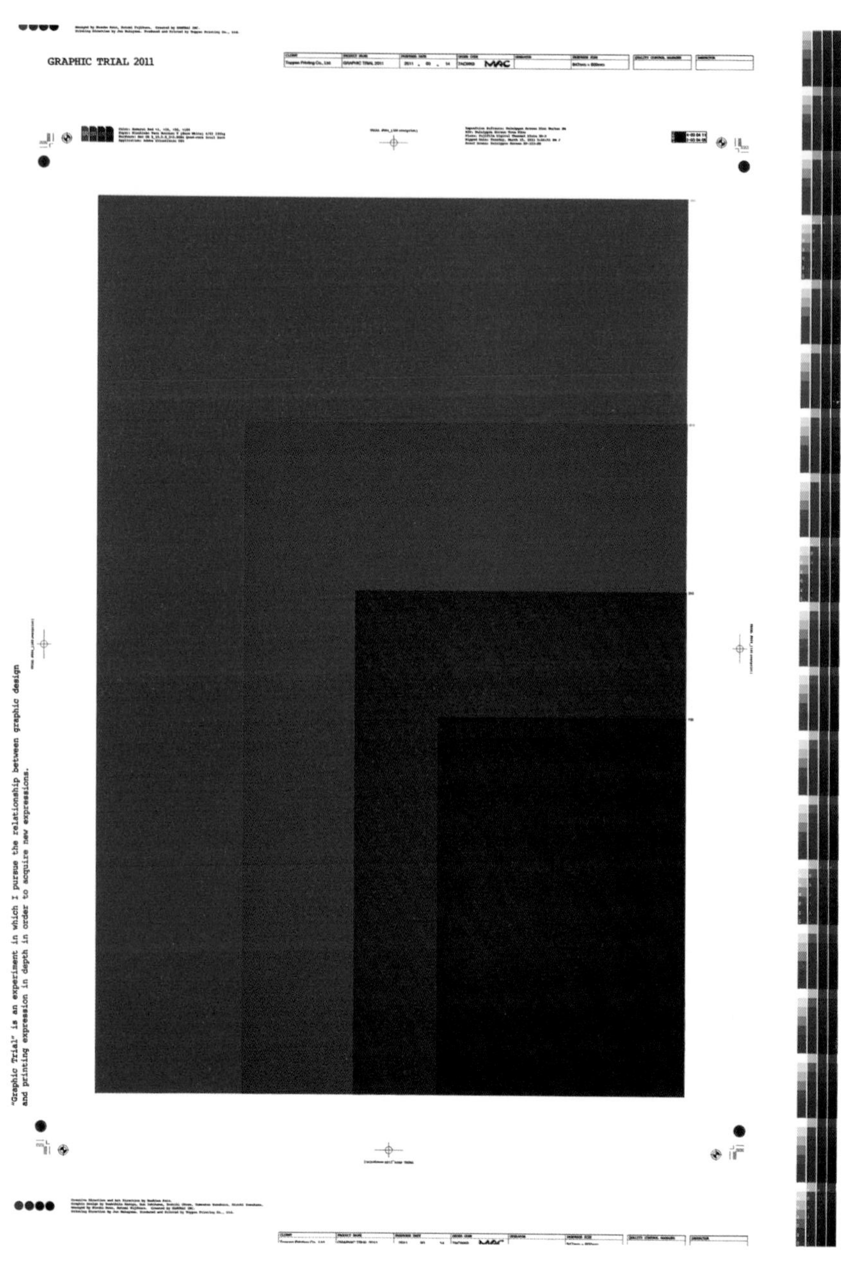

「GRAPHIC TRIAL 2011」の完成ポスター。PANTONE185Cを100回刷り重ねる実験をした。薄い部分から1回、9回、40回、50回刷った版を重ねて構成。「100回刷ってもずれていない、印刷技術が結集したアートピースです」

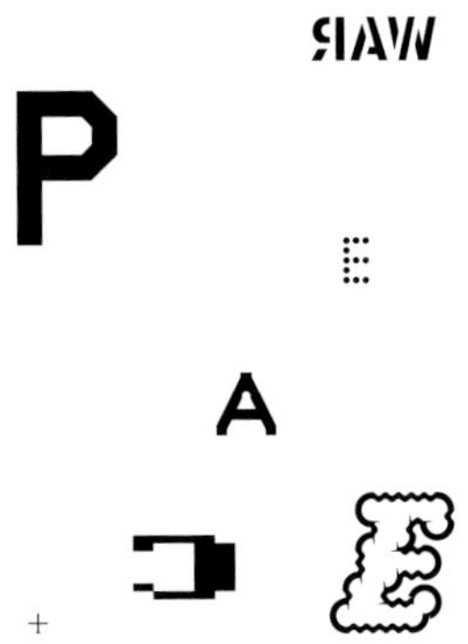

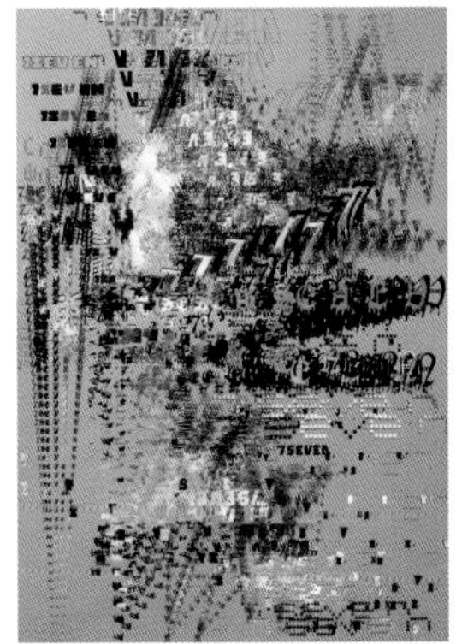
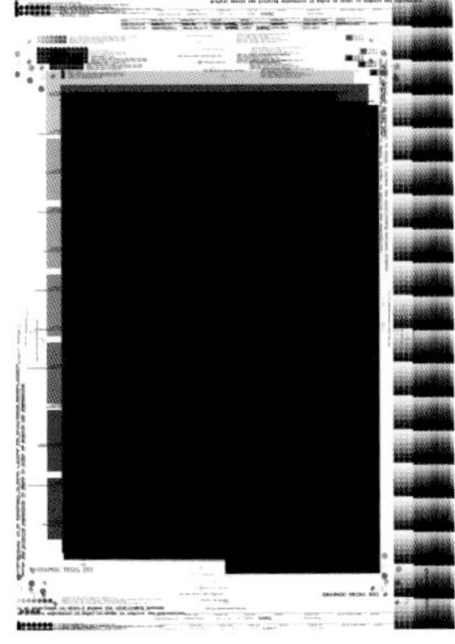

[右上から左に]TOKYO ADC EXHIBITION 2001／PEACE／時間旅行展／KITTY EX.／GRIND OUT ART DESIGN／BEIJING 2008／ELLE LOVES ART／GRAPHIC TRIAL 2011／SEVEN

PROJECT 30 >> アイコニックブランディング ICONIC BRANDING

本質を極めたロゴが、ブランドの磁場となる。

T-POINTのTマークやユニクロ、楽天グループを筆頭に、日本を代表する企業やブランドのロゴを多数手がける。「アイコニックブランディング」とは、クライアントとともに長い時間をかけてブランドのフィロソフィーと向き合う作業。課題を解決し表現を検証しながら、ビジュアル・アイデンティティを構築していく。

現在、佐藤の仕事の中心は「ブランディング」だ。広告という枠を超え、企業の理念の構築や経営に関わる部分に深く携わっている。

「ブランディングの時代が来る。そう確信したから、僕は独立してSAMURAIをつくった」

ブランディングとは、企業やブランドをトータルにデザインすること。その核となるキーワードが「アイコン」だ。「インターネット社会で環境も複雑化し、情報の海に星の数ほどの企業やブランドがひしめく。そんな中で存在が際立つには、ネーミングやアイコンが重要。その基本となるのがロゴマークです」

ロゴをつくる上で佐藤がまず取り組むのは、企業やブランドの本質をつかむこと。「本質を研ぎ澄ましたものがロゴだと考えています。昨今、企業の活動領域は複雑で幅広いものとなっています。だからこそロゴはそこに一貫して流れている企業のビジョンを象徴するものであるべきだと思う。シンプルで明快、一度見たら忘れないような強い『ロゴ=アイコン』を手がかりに、人々はそのブランドを認識していく」

たとえば、今治タオルは佐藤が手掛けるまでロゴマークがなかった。どの製品が今治タオルか消費者にはわかりづらかったが、タグをつけることでブランドが認知され確立された。また、ロゴはシンプルであればいいわけではない。「アイコンは洋服と同じで、着る人のアイデンティティや目的にぴったり合うからこそ機能する。シンプルを見極める作業は、じつはすごく難しいことなんです」

ユニ
クロ

UNI
QLO

imabari towel
Japan

SEVEN&i

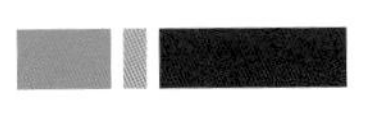

MITSUI & CO.

NISSIN

LDH

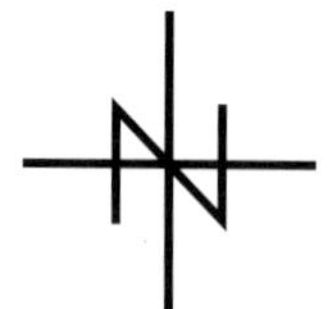

MEIJI GAKUIN UNIVERSITY
MG

M
O
N

KYOKUSHIN INTERNATIONAL KARATE ORGANIZATION

Fuji

O
CHA
BI

LA FOLLE JOURNÉE TOKYO

GLOBERIDE

FLUX
CONDITIONINGS

WAIMARAMA

UT

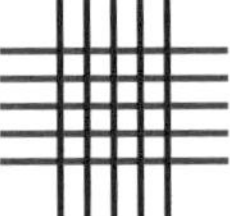

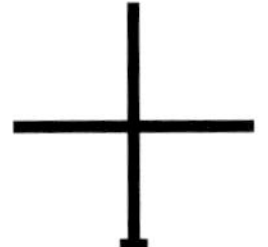

LISSAGE

PROJECT 31 >> 音楽 MUSIC

情感が表れるドローイングで音楽に共鳴する。

レコードやCDジャケットのアートワークは、大の音楽好きである佐藤にとって、少年時代からもっとも馴染み深いグラフィックデザインの基礎分野である。「だから、すごくやりたい仕事のひとつ。ジャケットを眺めながら音楽を聴くとイメージが膨らむし、音とビジュアルは切っても切れない」

佐藤の、よりプリミティブでプライベートな情感が表れたドローイングスタイルは、ミュージシャンとのこうしたコラボレーションに数多く見られる。たとえば、Mr.Childrenのアルバム『シフクノオト』。音を奏でる〝至福〟感、自分に寄り添う身近な〝私服〟感というコンセプトを桜井和寿から聞いた佐藤は、何よりも自らの思考を表現しやすい手描きを選択。クレヨンや水彩、鉛筆などさまざまな画材を使い、ノートや画用紙に心象をダイレクトに描いたような、ライブ感あふれるドローイングを展開した。

Bank Bandの『沿志奏逢』では、ウォーホル+ヴェルヴェット・アンダーグラウンドのパロディを思わせるきゅうりの絵が話題に。赤いハートをスプレーで描いたMy Little Loverの『FANTASY』では、絵を描くときの喜びや高揚感といったエモーショナルなパワーを、心を動かす音楽と対峙させた。

Hi-STANDARDは、もともと佐藤がファンで、メンバーの横山健とは同じ高校出身という縁もあり、アートワークを担当。パンク好きの佐藤の感性が炸裂している。

Mr.Children『シフクノオト』(トイズファクトリー)では、Tシャツやバッグなどのグッズも制作した。左下は、Bank Band『沿志奏逢』(トイズファクトリー)のCDジャケット。

初回限定特典：
ALBUMレコーディング
ドキュメンタリーDVD付き
Mr.Children
シフクノオト
Any／HERO／空風の帰り道
掌／くるみ／タガタメ
NTT DoCoMo group タイアップソング
「PADDLE」
¥3,059 (tax incl.)

Mr.Children
シフクNOTE

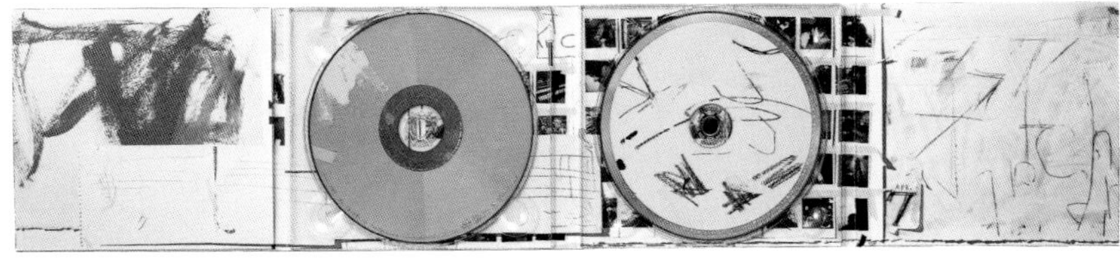

Bank Band

My Little Lover『FANTASY』のキャンペーン。スプレーで描いた大きなハートだけのビルボードが街に登場した。

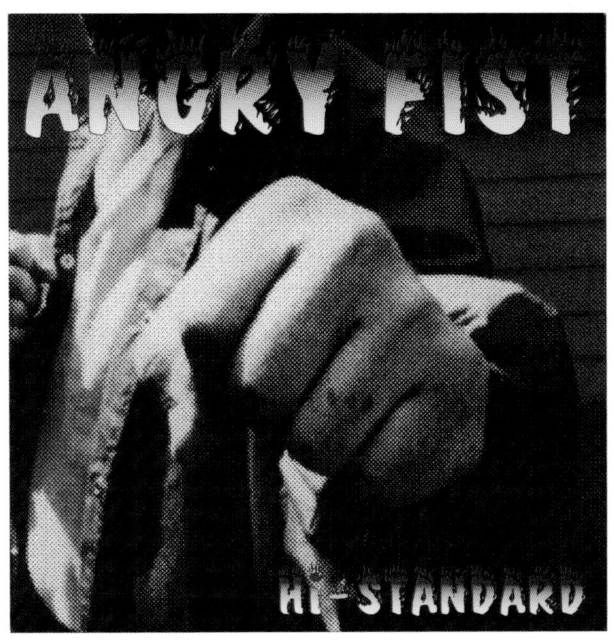

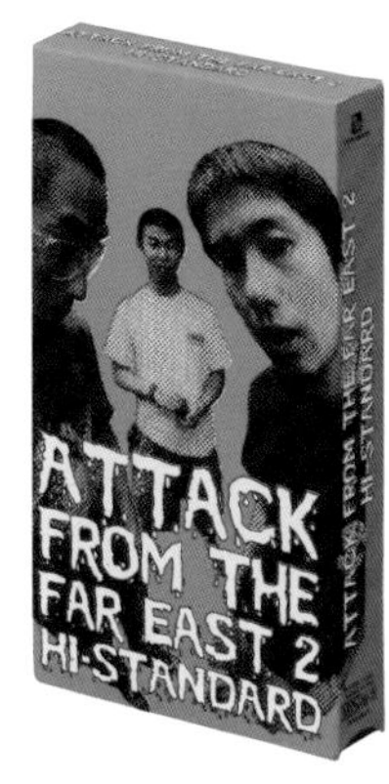

［上］Hi-STANDARD『ATTACK FROM THE FAR EAST 2』のDVD。［左］3rd アルバム『ANGRY FIST』（いずれもピザ・オブ・デス・レコーズ）。

T.M.Revolutionのベストアルバム『1000000000000 -billion-』（エピックレコードジャパン）。

PROJECT 32 >> 本 BOOKS

本や雑誌のデザインも、「ブランディング」だ。

2003年のベストセラー『負け犬の遠吠え』が佐藤の装丁であることは案外知られていない。作者の酒井順子とは博報堂の同期入社組。彼女の著書のほとんどを、友人の佐藤がデザインしている。酒井の個性と魅力、そして独特の毒が、あのブルーがかったピンクのアンニュイな表紙によって、世の中に発信された。

では、広告と違って、友人の本の装丁が趣味的な感覚かといえば、そうではない。「すべてをブランドとして捉えれば一緒。車も炭酸飲料も書籍も、世の中でどういうアイコンとして見えるかを考えていく」。つまり、フィールドが違うだけで、佐藤にとっては本や雑誌のデザインも「ブランディング」だ。

朝日出版社の「カルチャー・スタディーズ」シリーズは、本体と帯で二分割した色彩構成が美しい。シリーズを揃えて棚に並べると、背表紙がグラフィカルに連なるのが狙いだ。

また、長く続いた雑誌のフェイズをガラリと変えるタイミングで、佐藤にコンセプトワークからのディレクションを託した雑誌もある。『広告批評』は、モノクロで写真も少ない業界誌を、特集ごとに表紙を変え、カラーも豊富なカルチャー誌へとリニューアル。コンピュータ誌『MACPOWER』では表紙のADを担当。抜けの良い写真を使い、他誌とは一線を画すシンプルなデザインにした。

写真、イラスト、タイポグラフィなど手段は多様だが、つくり出すものは常に、その商品がもつ世界観なのだ。

[上右]『ファッション:ブランド・ビジネス』山室一幸[上左]『アート:"芸術"が終わった後の"アート"』松井みどり[下右]『文学:ポスト・ムラカミの日本文学』仲俣暁生[下左]『映画:二極化する世界映画』大久保賢一(いずれも朝日出版社カルチャー・スタディーズシリーズ)

カルチャー・スタディーズ　第一回配本

アート：“芸術”が終わった後の“アート”

松井みどり（美術評論家）

アートは、より頭脳的に進化する。

もはや“アート”は、“芸術”ではない。

では、今のアートは、何を表現しているのか。内外の最新の動向を踏まえ、

21世紀のアートの新しい見取り図を明晰に語る。

コンポジット編集部・編／装丁：佐藤可士和

Culture Studies

Fashion:

Brand business

Kazz Yamamuro

カルチャー・スタディーズ　第一回配本

ファッション：ブランド・ビジネス

山室一幸（「ファッション通信」プロデューサー）

ブランドは貴族的な大衆消費財だ。

プラダ、グッチ、LVMHなどの巨大ブランドが吸収・合併を繰り返す現在の

ファッション業界の歴史的変遷と世界戦略を解き明かし、単に衣服を超えて

生活全体を呑み込んでいこうとするファッションの未来像を占う。

コンポジット編集部・編／装丁：佐藤可士和

Culture Studies

Film:

The Geography of World Cinema

Ken'ichi Okubo

映画：二極化する世界映画

大久保賢一

映画はよりグローバルに、また個人的になる

Culture Studies

Literature:

Japanese Literature after the Murakami Revolution

Akio Nakamata

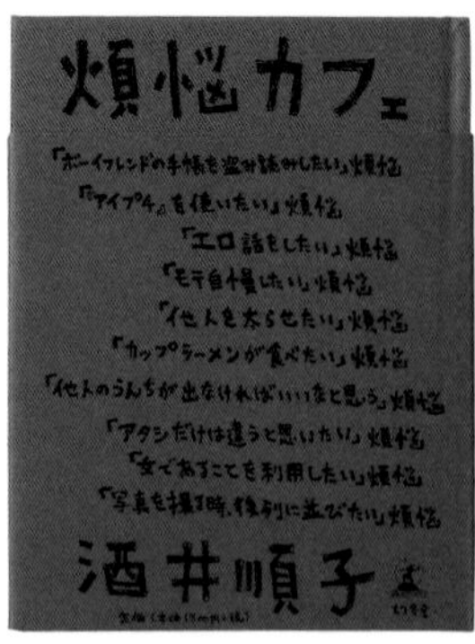

『煩悩カフェ』
酒井順子
（幻冬舎）

『観光の哀しみ』
酒井順子
（新潮社）

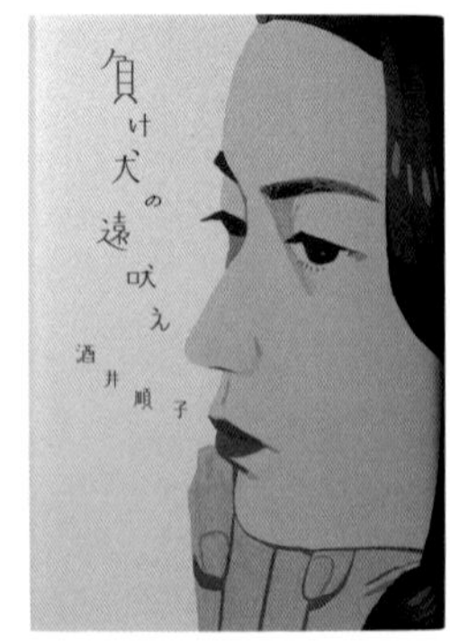

『負け犬の遠吠え』
酒井順子
（装画・井筒啓之／講談社）

『女流阿房列車』
酒井順子
（装画・高橋ユミ／新潮社）

『都と京』
酒井順子
（装画・坂崎千春／新潮社）

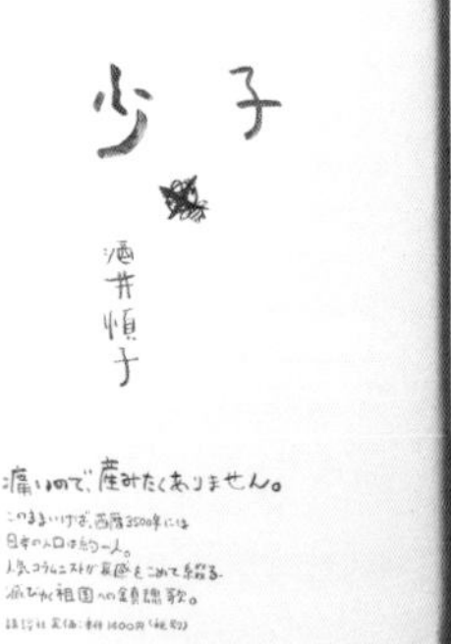

『少子』
酒井順子
（講談社）

『おばさん未満』
酒井順子
（装画・水森亜土／集英社）

『駆け込み、セーフ？』
酒井順子
（装画・網中いづる／講談社）

『女子と鉄道』
酒井順子
（装画・Michael Sowa／光文社）

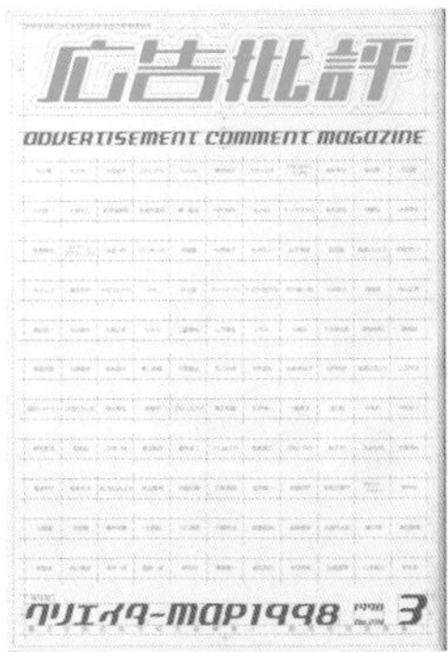

『広告批評』
1998年3月号
（マドラ出版）

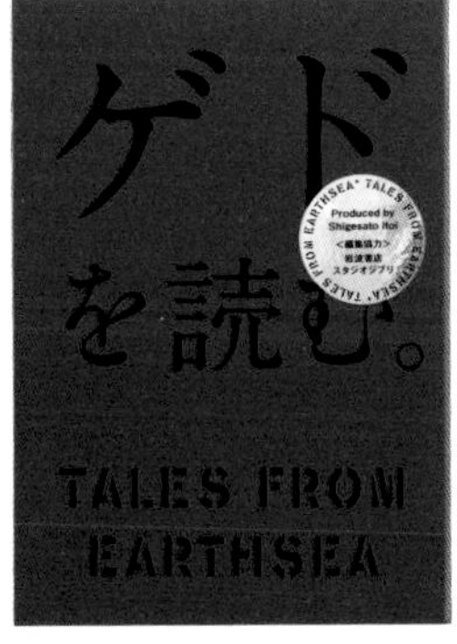

『ゲドを読む。』
（岩波書店／スタジオジブリ）

『MACPOWER』
2005年6月号
（アスキー・メディアワークス）

『ATELIER BY NIGO』
NIGO
（マガジンハウス）

『いのち』
文・福里真一　絵・坂知夏
（コクヨS&T）

『ともだちかもん』
文・黒須美彦　絵・タカノ綾
（コクヨS&T）

『ミルキー』
林真理子
（講談社）

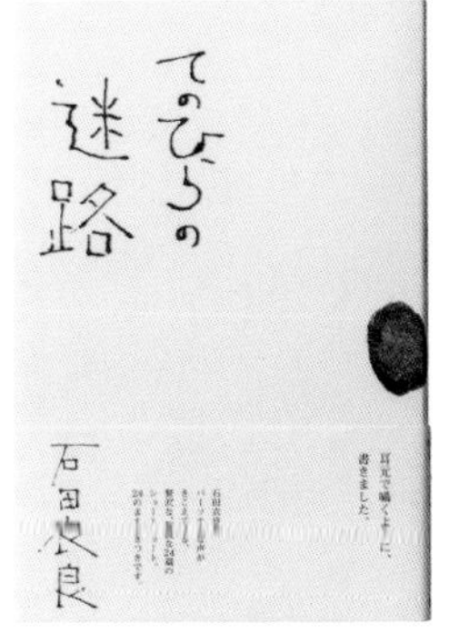

『てのひらの迷路』
石田衣良
（講談社）

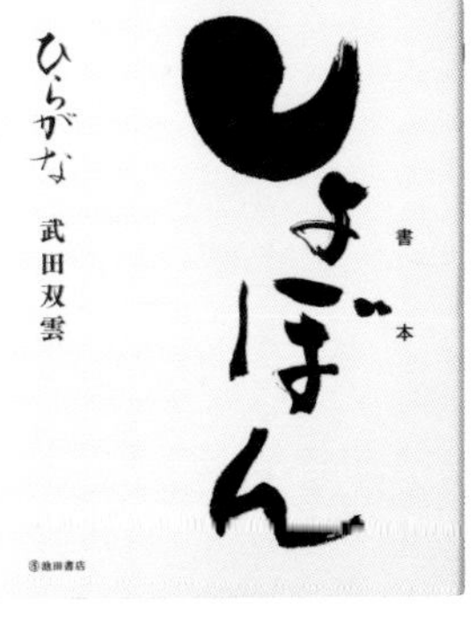

『しょぼん ひらがな』
武田双雲
（題字・武田双雲／池田書店）

PROJECT 33 >> 絵本 PICTURE BOOK

敬愛する作家とセッションした、新感覚の絵本。

子どもの頃からディック・ブルーナに憧れ、「いつか絵本を描きたい」との思いを抱いていた佐藤。2010年に初の絵本『しょうちゃんとちきゅうくん ずっといっしょにいたいね』を刊行、17年には、敬愛する谷川俊太郎と『えじえじえじじえ』を発表した。「対談をしたときに、一緒に絵本をつくろうと声をかけていただいた。先に谷川さんの詩があって絵をつけるなら、テーマがあってやりやすいのだけど、僕が描いた絵に対して詩をつけるという。これはすごく難しかったですね」

佐藤の「え」を見て谷川が「じ」を書き、「じ」と「え」を一緒にデザインしたのが『えじえじえじじえ』。谷川がクリエイターとつくる「あかちゃんから絵本」シリーズの13作目で、言葉と初めて出合う0歳児や1歳児に向けた企画だ。佐藤は絵の具を飛び散らせる躍動的な描き方で、赤ちゃんがもつ根源的なエネルギーの発散を視覚化した。

「いまから思うと、僕は音を感じるようなビジュアルをつくった。谷川さんはそれを受け取り、漢字やアルファベットを混ぜた前衛的な擬音のような文字をつけられたんです。まだ言葉のわからない赤ちゃんが本を開いたときに、音というか、感触が残る。クリエイティビティを刺激する絵本になればいいなと思いました」

谷川とのコラボレーションはジャムセッションのような体験だと佐藤は言う。絵本を超えた、新感覚のアートブックだ。

『えじえじえじじえ』(クレヨンハウス)は、日本を代表する詩人・谷川俊太郎との共作。佐藤のアートワーク《FLOW》にも通じるダイナミックなスプラッシュ・ペインティングを用いて、そこにデジタル図像を重ねるとともに、谷川によるテキストを配置。アートとグラフィック、エディトリアルデザインの融合を試みた。

佐藤可士和 え 谷川俊太郎 じ
えじえじえじじ

ぱっかーん

iiilllooooocccmmmmcoaoouuuzusususuzzzi

ぷるん

ばばば
漢
字
しゃば

PROJECT 34 >> アート ART

究極の美しさへの憧れを、アートに表現する。

有田焼の創業400年事業の一環である「ARITA 400project」。そのゲストアーティストとして、佐藤は《DISSIMILAR―対比》をテーマに大皿を制作した。有田を代表する絵付け筆・ダミ筆に呉須を含ませ、勢いよく振り下ろすことで予測不能な絵付けを施す「スプラッシュ・ペインティング」を、方法論として提示。

「有田焼の新しい可能性を示す上で、伝統と革新、静と動、混沌と静寂などの〝対比〟をイメージした。これは筆が対象に触れない、つまり筆跡のないドローイングで、その方法論自体がアイコニック。動力や重力という美しい自然エネルギーの法則で描きました」

有田焼をきっかけに、自分のアーティスティックな感覚を再び意識できたと、佐藤は言う。「子どもの頃から絵が好きで、美大へ行って毎日絵ばかり描いていた。デザイナーになり、自分の表現欲求はあえて封印していたんです。ところがSNSの時代になり、一点ものの表現がネットで世界に拡散できるようになった。そうした時代の変遷が面白いと思う」

「美しさとは強さだ」と佐藤は言う。広告もアートも、人を魅了する美しさにはパワーがある。佐藤の最新作は、《DISSIMILAR》の手法で動力や重力など人間が制御できない自然エネルギーの考察である《FLOW》と、直線という無限の〝概念〟がテーマの《LINES》。究極の美に宿る強さへの憧れを形にしたコンセプチュアル・アートだ。

方法論としてのスプラッシュ・ペインティング。「人為の及ばない物理学的な力と、僕が筆を触って発生する人間の力。その対比を有田焼にイメージしたのが《DISSIMILAR》で、《FLOW》は僕個人のコンセプトがよりむき出しに漂った作品」。《DISSIMILAR》は2016年にパリの国際見本市「メゾン・エ・オブジェ」に出品された。

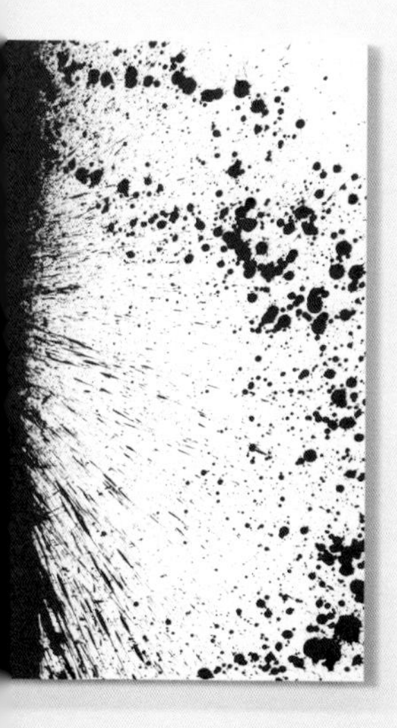

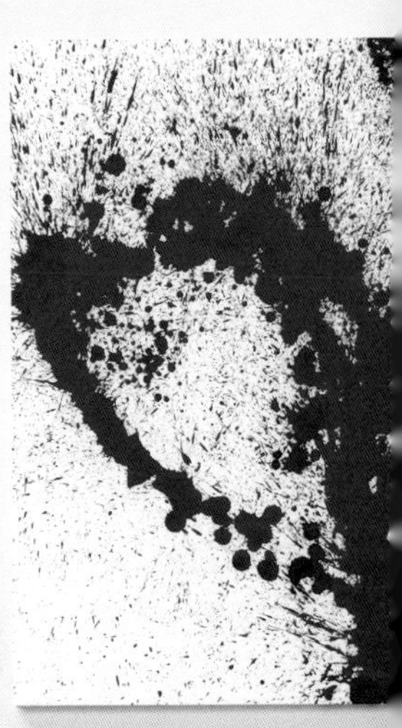

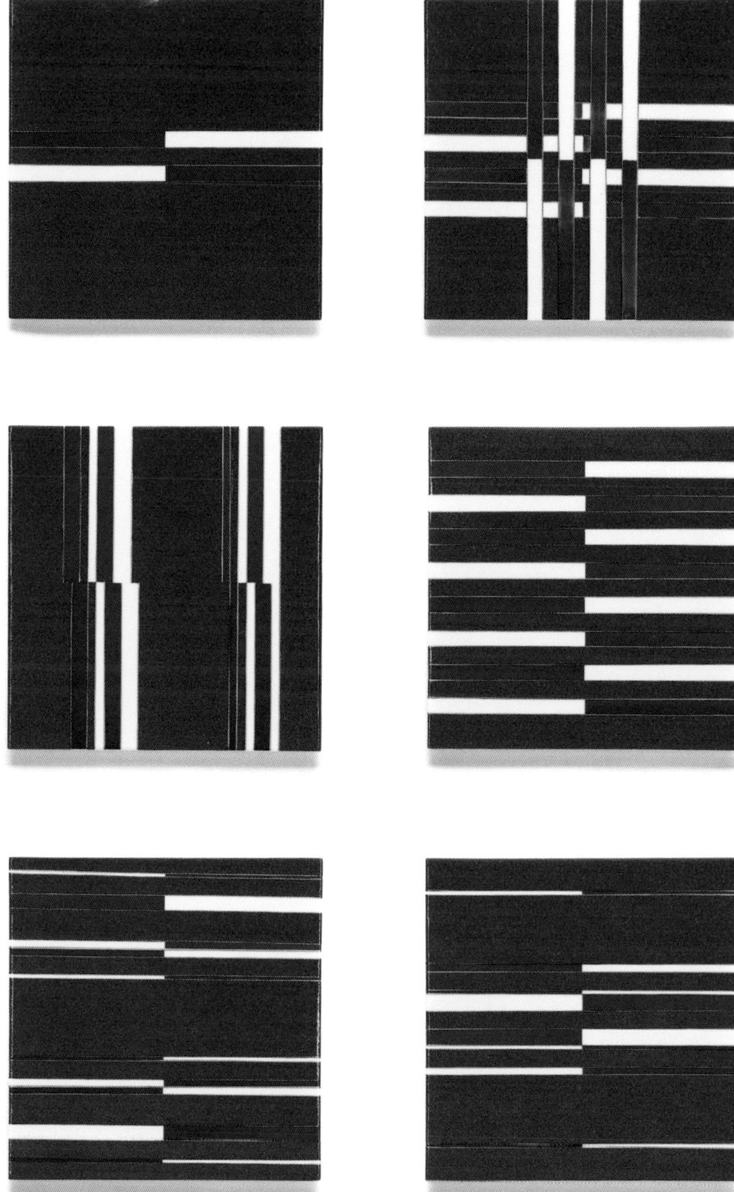

PROJECT 35 >> 八代目中村芝翫襲名披露

NAKAMURA SHIKAN

ポップな歌舞伎を、現代によみがえらせる。

襲名披露公演の祝い幕第1弾では、墨で弧を描いた「翫」により、大きなインパクトを与えた。第2弾からはカラフルかつポップに。図柄は、翫を繋いだり、4人の役者名のひらがなをモチーフにしたりと、モダンで"粋"なデザインに。劇中でも使われる手ぬぐいや風呂敷、楽屋に掛ける暖簾などにも展開できるアイコンを考案した。

2016年、三代目中村橋之助が八代目中村芝翫を襲名し、長男が四代目中村橋之助、次男が三代目中村福之助、三男が四代目中村歌之助に。この家族4人の同時襲名披露公演にて、祝い幕から手ぬぐいまでのアートワークを佐藤が手掛けた。

東京の歌舞伎座、大阪の松竹座、ロームシアター京都などで行われた「成駒屋」一門の記念すべき襲名披露公演にあたり、佐藤は4種類の祝い幕のデザインを手掛けた。

「歌舞伎座での第1弾の祝い幕は、成駒屋の定紋である「祇園守」を八代目芝翫が守るというコンセプトで制作しました。また、女形の先代から八代目が『立ち役』の男形に変わるという大きな変化もあったので、ダイナミックな筆書きによるアートワークで表現しています」

以降、役者4人それぞれのオリジナルロゴを考案し、カラフルでポップなデザインを展開したり、役者名に使われているひらがなをアイコン化したグラフィックを制作するなど、伝統的な歌舞伎に現代的な新しさを加えた祝い幕はSNSなどでも話題になった。

「歌舞伎はもともと華やかで楽しい江戸の大衆芸能。その本質を踏まえた上で現代的に表現するとこうなるんじゃないかということを考えながらのクリエイションでした。うれしかったのは、幕間にお客様が前に行って写真を撮っていたこと。外国人の方も喜んでいました」

奇抜に見えて、本質を見据えたデザイン。佐藤可士和ならではのアートワークだ。

八代目
中村芝翫
中村橋之助
中村福之助
中村歌之助
大洋建設

歌舞伎文様のひとつである「芝翫縞」をベースにした八代目中村芝翫のオリジナル図柄の手ぬぐいと「はし」「ふく」「う」をアイコン化した、四代目中村橋之助、三代目中村福之助、四代目中村歌之助の手ぬぐい。

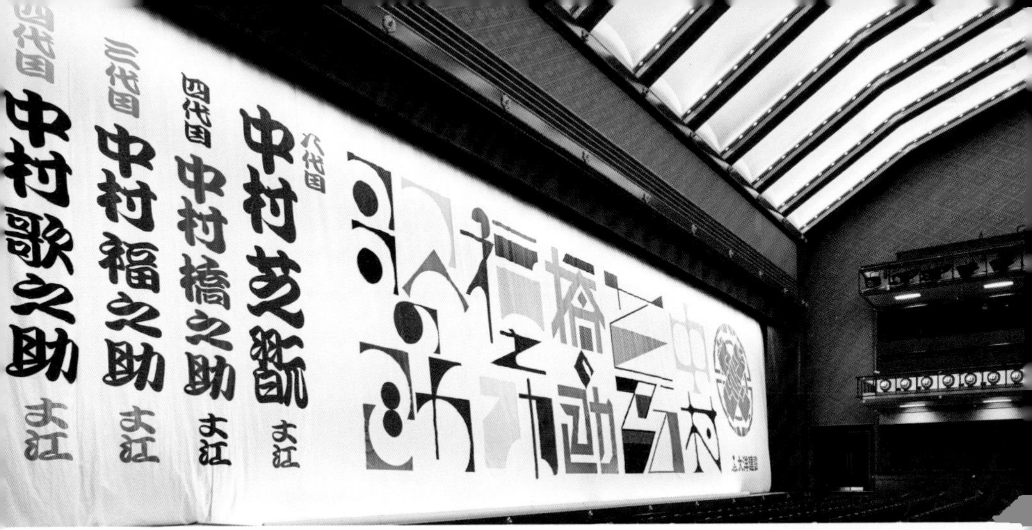
八代目
中村芝翫
丈江
四代目
中村橋之助
丈江
三代目
中村福之助
丈江
四代目
中村歌之助
丈江

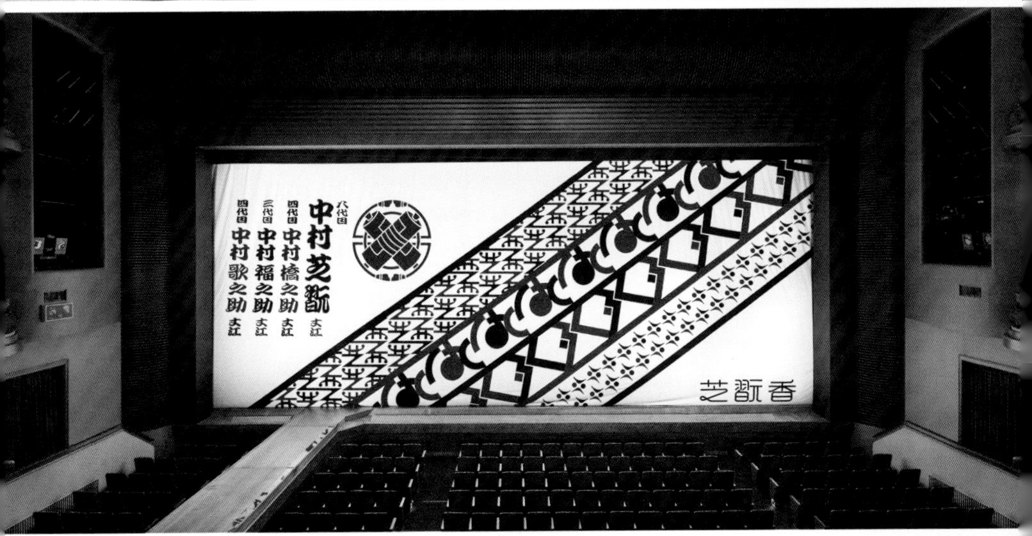
八代目
中村芝翫
丈江
四代目
中村橋之助
丈江
三代目
中村福之助
丈江
四代目
中村歌之助
丈江
芝翫香

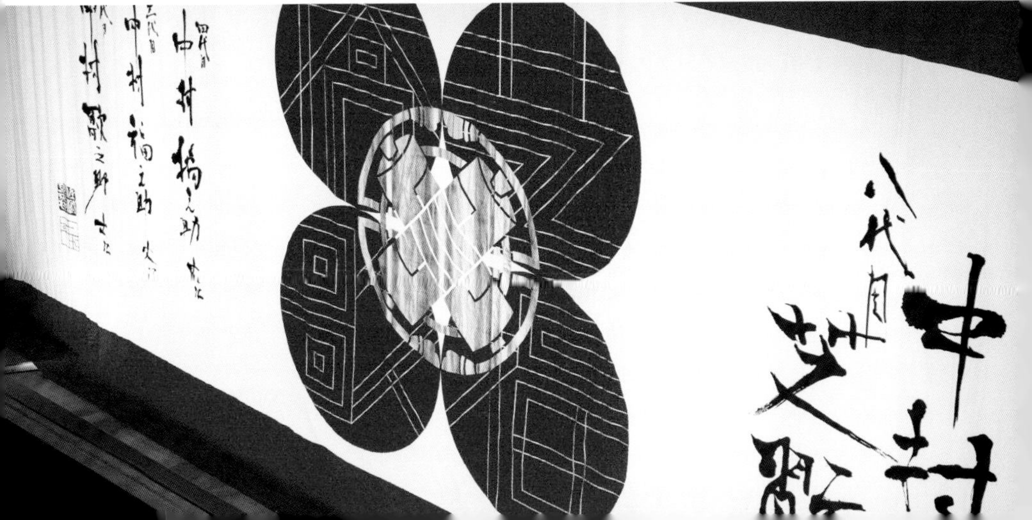
八代目
中村芝翫
四代目
中村橋之助
三代目
中村福之助
四代目
中村歌之助

再検証を何度も重ねる。
そうすると、論理がぶれなくなる。

複製可能なものが好き。
だからデジタルが好き。

僕は「アップデート・フェチ」だ！

空気が動いている状態が好き。
とにかく停滞するのが嫌い。

もっとも大切なのはバランス。
絶妙なバランスを見つけるのが、僕の仕事。

何も置かれていない棚とか、いい。
大容量のハードディスクにデータが少しだけある状態が好き。
それと、マックの**「ゴミ箱」を空にする**のが、好きだ。
とにかくスカッとして気持ちがいい。

日本家屋のよさは、
障子や襖が古くなったら、総とっかえして、
新品のようになること。

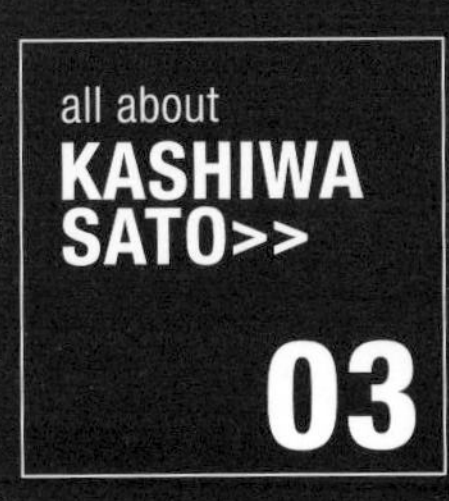

「整理」された、クリエイティブ哲学に迫る。

PHILOSOPHY 01 >> SAMURAI サムライ

常に「見せる化」で、進化してきたオフィス

SAMURAIのオフィスは、佐藤の〝働き方〟という作品でもある。「基本はすべて〝見せる化〟というコンセプト」という言葉通り、歴代のオフィスは、SAMURAIという会社を象徴する空間として進化してきた。

初代オフィスは、従来のデザイナーの職場が作業場のようなイメージだったことへの反動もあり、ショールームのように整った空間を目指した。「整理された環境だと、発想もクリアになり仕事の精度が上がります」という考えは終始一貫している。他人が立ち入ることのない地下倉庫すら、すっきり美しく整理。これにインスパイアされた建築家の荒木信雄が「倉庫で打ち合わせするというコンセプトはどうか」と提案したことから、次のオフィスは倉庫とミーティングスペースが大胆に同居。さらに3番目のオフィスでは、エントランスにガラス張りの〝見せる倉庫〟を配置し、ストックボックスが整然と並ぶ様は、さながらサーバールームのようにクールな存在感を放った。

2012年に移転した4番目となる現オフィスは、佐藤の理想とする環境の最新形。モノをすべて壁面に収納し「何もない空間を見せる」ことで、さらに研ぎ済まされた職場となった。2020年はリモートワークへの移行が進み、スタッフのデザインルームが作品を見せるプレゼンテーションの場へと変わり、新しい発想も生まれると意欲的だ。挑戦し続ける佐藤の、働き方の進化は止まらない。

現在のオフィスは、「ふじようちえん」でも協働した手塚貴晴・由比とともにつくり上げたもの。中庭をぐるりと囲む口の字型の建物で、整然とした空間に柔らかな自然光が差し込み、中心に植えられたヒメシャラの緑がどこにいても目に入る。「自然がもたらすエネルギーが、新たなクリエイティブを生む糧にもなっています」

[上] 3番目のオフィス。極端に細長い空間に対し、何かに突き進むような長机を据えたミーティングスペースは、強烈すぎる空間デザインだ。[中右] 3番目のオフィス。四角いスペースを2枚の大きな壁で区切っただけの、驚くほどに潔い空間デザイン。[中左] 2番目のオフィス。[右]南青山に設立した初代オフィス。

>>> KASHIWA SATO. COM

SHOCHANTOCHIKYUKUN
ITAMIMAI
DAIWA
GLOBERIDE
FUJI KINDERGARTEN
UNIQLO PARIS
UNIQLO
TOKYO FIBER 09 SENSEWARE
TOKYO METROPOLITAN SYMPH(
CHAN TO SHI NAI TO NE! SMAP
KIRIN LAGER BEER
UJ
LISSAGE WHITE
DOCOMO N-07A
MARUNOUCHI
EIGHT MILLION
OCHABI
IMABARI TOWEL
KAJIMOTO
NATIONAL ART CENTER, TOKYO
LISSAGE BEAUTE
LISSAGE
MEIJI GAKUIN UNIVERSITY
2008 NEW YEAR CARD
SUIT SELECT
DOCOMO N703ID
DOCOMO N702ID
DOCOMO KIDS'
KONAKA THE FLAG
COFESTA
NIKKEI TEST
SHOBON
MICROSOFT OFFICE FOR MAC
SENRI REHAB
TOKYO BAR
ISSEY MIYAKE
NAOKI TAKIZAWA
TOKYO BY KENZO
YUSKIN
T.M.R.
GOKUNAMA
SMAP

TO BAGHDAD: PRESIDENT NIC
PAKISTANI CITY RAISES FEARS
MINE WHETHER ARSONISTS W
LE FOR THE WORST BLAZE WH
KILLED AT LEAST 20 SOLDIE
2.2 BLAST KILLS TWO NATO S
ISTAN: A SUICIDE BOMB HIT
O CLOSE U.S. BASE IS DELA
KPOINT MONDAY, THE GOVER
GHAN WAR : RICHARD C. HOL
HE AMERICAS: MEXICO: CANC

[上]インタラクティブデザイナーの中村勇吾が手掛けた、SAMURAIの以前のウェブサイト。プロジェクトを“色”という視点で整理し、それぞれのキーカラーを用いたバーで表現。佐藤のデザインの特徴である「色面構成」の抽象化でもある。[左]SAMURAIが制作した様々なフォントで、最新ニュースを次々と表示していくオリジナルスクリーンセーバー“TEXTUR”。

PHILOSOPHY 02 >> 思考のデザイン DESIGN THINKING

考え方を変える、きっかけ作りのアプリケーション

佐藤といえば、著書『超整理術』を思い浮かべる人も多いだろう。クリエイターが書いたビジネス書として話題を集めてベストセラーとなり、続編となる『クリエイティブシンキング』も刊行されたが、決して「本を執筆したいわけじゃない」と話す。

そもそも思考をビジュアル化するのが仕事であり、テキスト化することは得意でもなく、「自分が本を書くなんて思ってもみなかった」。しかし、SAMURAI独立から5年ほどした頃から、自分の仕事のベースに流れる考え方や思考をまとめたいと思うようになったという。

デザイナーやクリエイターが書いた本は、当然デザイン論やブランディング論についてのものがほとんどだ。だが佐藤は、「それよりも、普段クリエイティブに接していない人にこそ、クリエイティブがいかに有効かを伝えたい」と、あえてビジネス書を選んだ。

クリエイターではない普通の人たちがクリエイティブな思考をするにはどうすればいいのか、専門的ではない切り口でわかりやすくテクニックを伝授した。「整理」をキーワードにした前著がロジカルだったのに対し、続編はより視点を自由にした実践応用編だ。

考え方が変われば、物事は劇的に変化する。本を書くのは、そのきっかけを提供するためであり、本はアプリケーションツールだと話す。だから、「テキストにはこだわらない。まだ、まとまってはいないけれど、伝えたいことはたくさんある」。

『佐藤可士和の超整理術』(日本経済新聞出版社)

佐藤可士和の超整理術

KASHIWA SATO'S Ultimate Method
for Reaching the Essentials.

仕事も頭もスカッと爽快

空間・情報・思考のもやもやを一刀両断!
気鋭のアートディレクター、秘技初公開。

日本経済新聞出版社　定価(本体1500円+税)

佐藤可士和

**『佐藤可士和さん、
仕事って楽しいですか？』**
佐藤可士和（宣伝会議）

**『佐藤可士和の
打ち合わせ』**
佐藤可士和（日経ビジネス人文庫）

**『佐藤可士和の
クリエイティブシンキング』**
佐藤可士和（日経ビジネス人文庫）

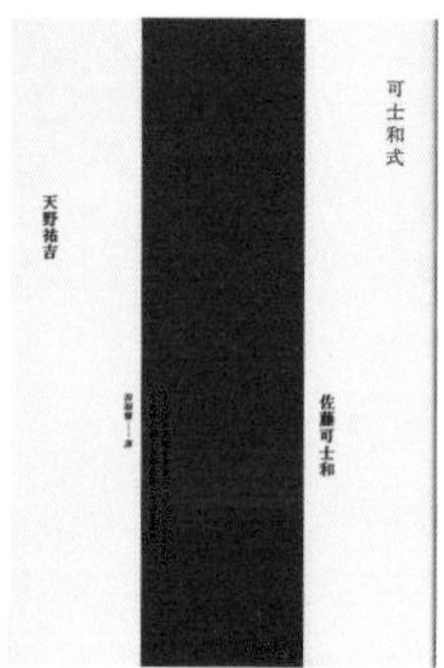

『可士和式』
天野祐吉、佐藤可士和
（天野祐吉作業室）

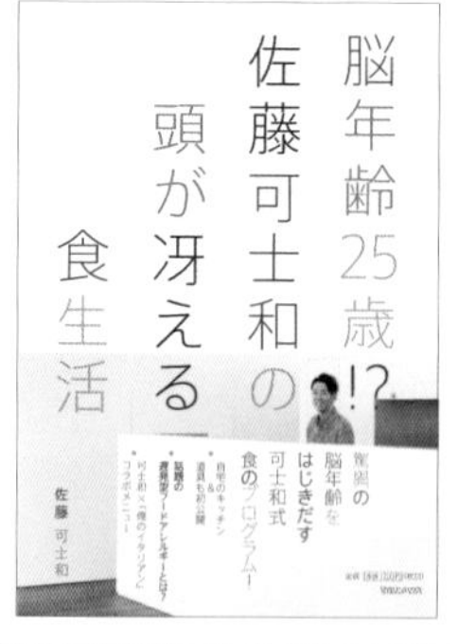

**『脳年齢25歳!? 佐藤可士和の
頭が冴える食生活』**
佐藤可士和（マガジンハウス）

**『佐藤可士和の
新しい ルール づくり』**
佐藤可士和、齋藤孝（筑摩書房）

**『佐藤可士和×
トップランナー 31人』**
集英社編集部（集英社）

**『聞き上手 話し上手
38の可士和談議』**
佐藤可士和、ウオモ編集部（集英社）

**『SAMURAI
佐藤可士和のつくり方』**
佐藤悦子（誠文堂新光社）

『gggBooks67 佐藤可士和』
佐藤可士和
（ギンザ・グラフィック・ギャラリー）

『BEYOND―
KASHIWA SATO』
佐藤可士和（宣伝会議）

『佐藤可士和の
仕事と周辺』
佐藤可士和（六耀社）

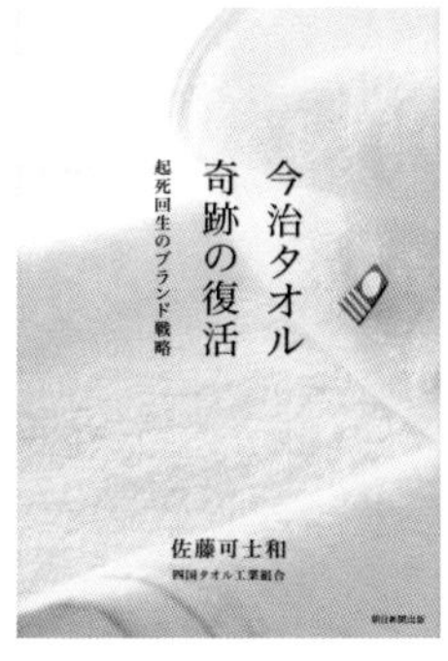

『今治タオル　奇跡の復活
起死回生のブランド戦略』
佐藤可士和、四国タオル工業組合
（朝日新聞出版）

『ペンブックス1冊まるごと
佐藤可士和。[2000-2010]』
ペン編集部（CCCメディアハウス）

『佐藤可士和
デザインペディア』
ポパイ特別編集（マガジンハウス）

『しょうちゃんとちきゅうくん
～ずっといっしょにいたいね～』
さとうかしわ（ポプラ社）

世界が変わる
「視点」の見つけ方
未踏領域のデザイン戦略
佐藤可士和
Sato Kashiwa
大切なのは、この3つ。
①課題
②コンセプト
③ソリューション
誰だって「デザインの力」を使える。
慶應SFCの
大人気授業、
待望の書籍化!
集英社新書

『世界が変わる「視点」の見つけ方
未踏領域のデザイン戦略』
佐藤可士和（集英社新書）

『広告批評別冊
A.D.2000』
（マドラ出版）

PHILOSOPHY 03 >> 空間のデザイン SPACE DESIGN

意識改革を誘う、スペースブランディングの力。

「オフィス環境を快適にすると、仕事の質も向上する――。SAMURAIで実践したことで、空間が人の意識をこんなにも変える力があるのかと気づかされました」

こう語る佐藤は、さまざまなプロジェクトにおいて、ブランドの哲学を表現するキーメディアとして〝空間〟を打ち出してきた。白木を用いたミニマルな空間で、武道の精神をモダンに表現した極真会館の道場とトレーニング複合施設「FLUX CONDITIONINGS」、シックな内装がオーダースーツの特別感を醸す店舗「DIFFERENCE」。オフィスでいえば「LIVNEX」も、社員の意識をガラリと変えた代表例のひとつだ。

社名からCI（コーポレートアイデンティティ）までトータルデザインに携わった同社は、住宅施工やガーデン設計など、住環境をトータルにデザインするグループ企業。「Simple」「Sense」「Stress-Free」を実現する住環境の提供を掲げる同グループに佐藤が提案したのは、オフィスの中に家や庭があるようなインパクトのある空間だった。芝生を思わせる緑のカーペット、スペースを緩やかに仕切る柵、会社のロゴともリンクする赤い屋根の形をした天井。従来の無機質な職場から大胆に変化したことで、社員のモチベーションが格段に上がった。

「空間をコミュニケーションのメディアとして捉えているところが、一般的な建築家の方との違いだと思う」という佐藤。その考え方が教育の場や病院などにも広がり、場と人を活性化し続けている。

2002年の「OZOC」は、スペースブランディングの初期例（左上）。「建築ごと着替える」というコンセプトで、真っ赤な内外装は後に木目を基調とした佇まいに変身。ロゴをインテリアに取り入れた「NAOKI TAKIZAWA DESIGN」（左中）、家の要素を随所にちりばめた「LIVNEX」（左下）など、空間デザインの例は多岐にわたる。

healthmagic!

［上・中］「サムライインキュベート」のオフィス。［下］DIFFERENCE

［上・中］極真会館の道場。［下］FLUX CONDITIONINGS

コレクションはしない。
何かをストックすることに関心がない。

火のような存在が好きだ。
灯りにもなるし、温めてくれる。
だけど、近づき過ぎると火傷してしまう。
つきあうには距離が必要。

子どものころから絵を描くのが好きだった。
そして子ども心に、印刷物っていいな！って思った。
とにかく一度印刷してしまえば、
描いたものをなくしても、
同じものがすぐに作れるから。

自分のデザインには、
ふた通りある。
ひとつは、二度とできないデザイン。
ステップワゴンのときが、そうだった。
もうひとつは、すぐに再現できるデザイン。
スマップのキャンペーンが、それ。
データが失われても、すぐに同じものを作り上げることができる。
こういうシステムがデザインできたときは、
最高にうれしい。

村上隆×佐藤可士和「tokonoma project」

「SAMURAI」を舞台に実現したコラボレーション

きっかけは、ラジオ番組での共演だった。その取材で佐藤のオフィス「SAMURAI」を初めて訪れた村上隆は、その場で閃いた。ここにぜひ、自分の作品を展示してみたい。それほど、SAMURAIの空間は魅力的だった。

「それまで、日本では展示会をやろうと思わなかった。僕の作品がハードエッジすぎて、合う空間がなかったから。でも、この場所には感激しましたね」

オフィスの半分近くを占めるミーティングルームは、とにかく広い。長い長い木のテーブルが、真ん中に置かれて威容を放つ。ほかは椅子のみという、恐ろしく潔い空間だ。その一角に、ガラスの壁で仕切られた床の間のようなコーナーがある。

「ここだ！ って思った。ギャラリーではなく、第一線で活躍するアートディレクターの仕事場に作品を飾るなんてユニークでしょ。その効能がどう表れるか、実体験してほしくて（笑）」

そんな村上の提案に「じゃあ、『tokonoma project』と命名しますか」と、佐藤も快諾。こうして、1カ月ごとに新作をチェンジして展示するという、贅沢な企画が発足した。

1回目の作品は、40センチ四方ほどのパネルが2枚。そこには、ルイ・ヴィトンから発表されて話題を呼んだ〝アイ・ラブ・モノグラム〟パターンがくっきりと描かれていた。黒地と白地にカラフルなモノグラムがちりばめられ、中心にはキュートな眼がキラリ。小さいのに、ものの凄いインパクトだ。これが、アート作品のオリジナルの威力なのか。

村上 隆 TAKASHI MURAKAMI

1962年東京生まれ。“スーパーフラット”の提唱で世界のアートシーンに衝撃をもたらして以来、ルイ・ヴィトンとのコラボや六本木ヒルズのキャラクターデザインなど、常に活動が話題に。主宰するカイカイキキでは、アーティストの育成もおこなう。

Eye Love SUPERFLAT, 2006

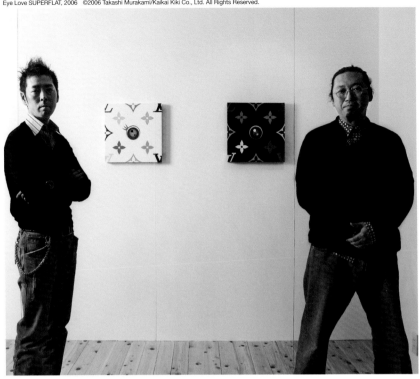

「目が釘付けになりますね。表面の塗りがキラキラしていて、蒔絵みたいな印象もある。とことんポップでありながら、日本の伝統も感じさせるのが面白いですね」と佐藤が興奮気味に語れば、「パネルも厚みがあって、絵というより箱みたいでしょ？ 絵を平面の巾の現象と見る西洋人に対して、『物』として捉えるのが僕たち日本人。そうした美意識も反映したんです」と村上。

日本の感性という潜在的なキーワードが呼応したのか、2枚のアートは、モダンな〝床の間〟にしっくり収まった。広大なスペースを、こうもキリッと引き締めるとは！

「肉筆画には、とてつもないパワーがあるんです。生き物ですから、ペットを飼うみたいに接してほしい。可士和さんという主にどう馴染んでいくか楽しみです」

全6回にわたった「tokonoma project」の刺激的な作品たちは、間違いなく佐藤のクリエイティビティを活性化させた。

Eye Love SUPERFLAT, 2006
Acrylic on canvas mounted on board　400×400×50mm, each
[左]Courtesy Galerie Emmanuel Perrotin, Paris & Miami

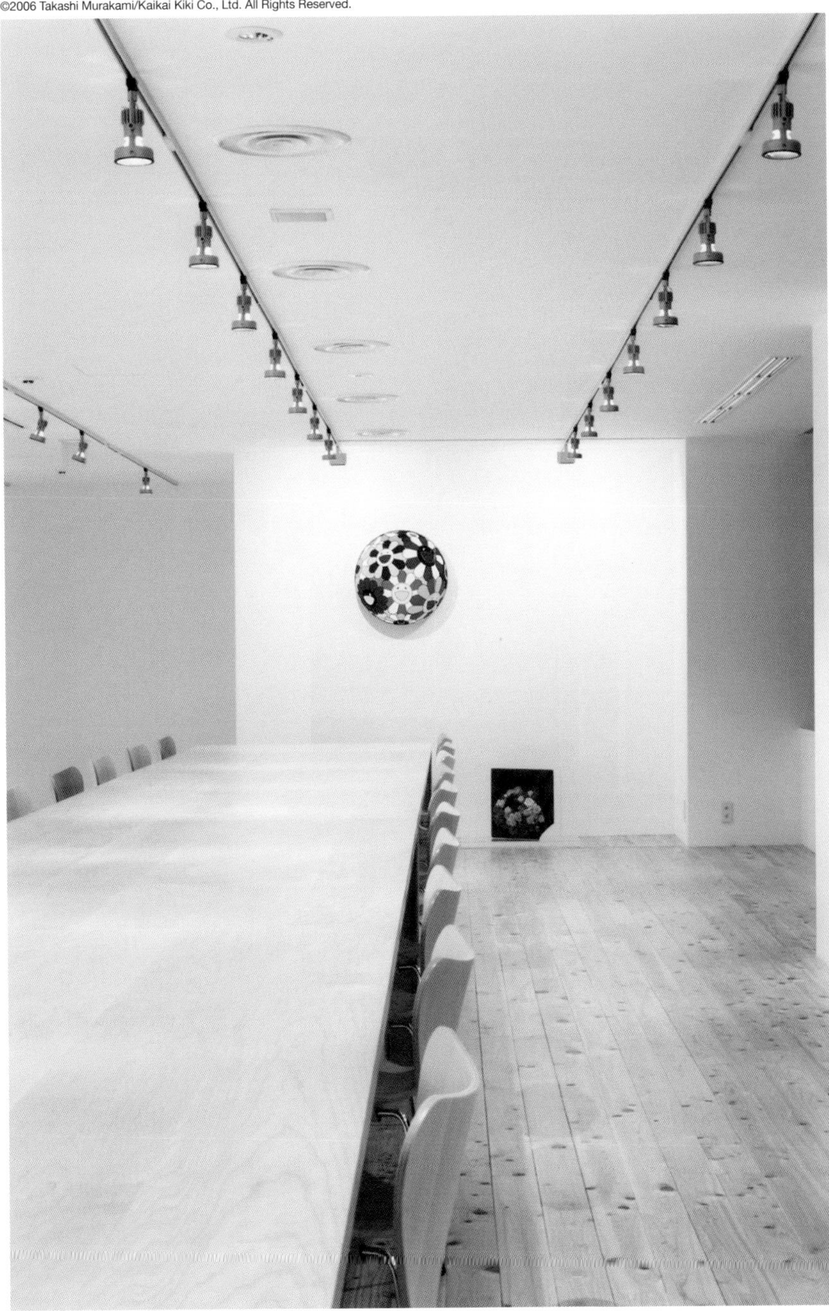

Flower Dumpling, 2006
Acrylic on canvas mounted on board　600 × 50mm diameter
Courtesy Gagosian Gallery, New York

Time Bokan – Missing in the Eyes – Red, 2006
Acrylic on canvas mounted on board　1800×1800×50mm
Courtesy Blum & Poe, Los Angeles

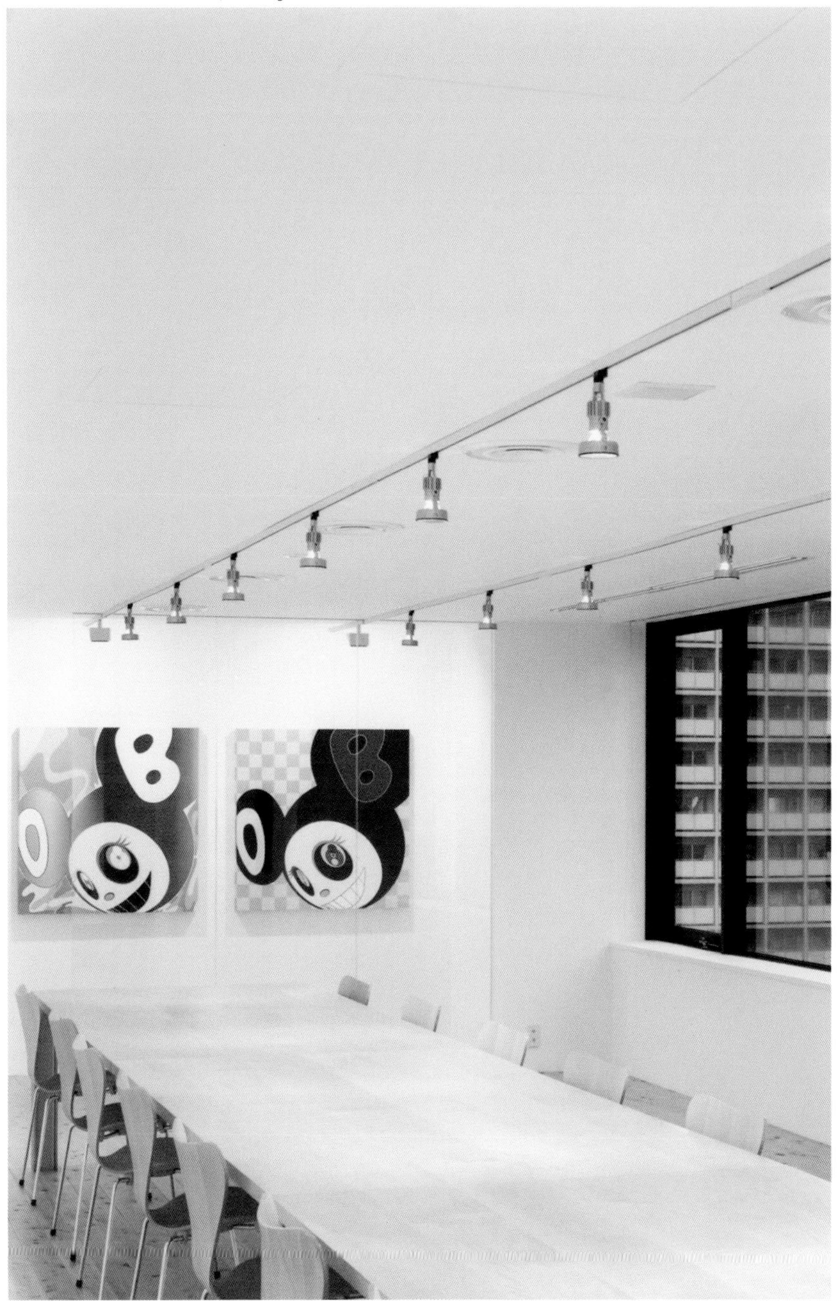

[右]AND THEN Black, 2006　[左]AND THEN Rainbow, 2006
Acrylic on canvas mounted on board 1000×1000×50mm, each
Courtesy Galerie Emmanuel Perrotin, Paris & Miami

ちびきのこ, 2006
Acrylic on canvas mounted on board　100×100mm, each

Daruma, 2006
Acrylic on Japanese paper, platinum leaf　2430×2820mm

キリンビールの「極生」の仕事は、すごく楽しかった。
「大量生産」はカラッとしていて、
かっこいいと思う。

モノに縛られたくない。
いつも自由でいたいから。

設計図が好きだ。そのとおり作れば、再現できる。
音楽にも譜面という設計図がある。
僕もデザインにおける譜面
のようなものを作りたい。

旅行に出るとき、ふと思いついた。
「自分は直線（的なもの）が好きなんだ」と。
２泊３日の旅のあいだ、車を運転しながら、
食事をしながら、温泉につかりながら、ずっと考えた。
なんで、自分が直線が好きなのか。
何度も自問した。
ずっと独り言を繰り返していた。
帰り道、突然わかった。
「潔い」からなんだって。
自分にとって、もっとも身近な言葉なのに、
なかなか気づかなかった。
こんなふうに、いつもデザインについて考えている。

「佐藤可士和」は、どのように作られたのか。

COMPONENT 01

クリエイティビティの源を、その半生から探る。

「小さい頃は、おしゃべりで、人を驚かすことばかり考えてた。もう幼稚園から、絵を描くことが人より優れていると自認していたし」

幼少期の自分を、こう分析する佐藤。小学生の頃から、展覧会を巡ったり、自分の部屋のカラーリングを自分で決めたり。良質のデザインに触れ、実践するなかで、何にでも興味を示し、貪欲に吸収する姿勢が身についていった。

人生最大の転機が訪れたのは、高校時代。2年生から通いはじめた美術系の予備校で、最初にデッサンをしたとき、衝撃が身体を突き抜けた。「これなら一生やっていける！」

この体験以降、見るものすべてをクリエイティブソースとして捉えるようになる。多摩美術大学の学生の頃には、としまえんの広告「プール冷えてます」を見て、ショックを受けた。「この作品のＡＤが大貫卓也さん（当時、博報堂）。博報堂に就職して大貫さんと一緒に仕事をするんだ！　と、勝手に心に誓いました」

卒業後、難関を突破して博報堂に入社した佐藤。入社後3年して、念願の大貫卓也と仕事をする好機に巡りあった。「とにかく徹底的にシゴかれた。でも、その結果、これまで蓄積してきたことがひとつに実を結んだ」

その後、自分の表現をより純粋に貫くために、独立を決意。自らの名前のひと文字「士」を掲げ、「SAMURAI」を設立した。

「子どもの頃のお絵描きから、『趣味はデザインです』と言える現在まで。すべてが一本の線でつながっている」

小学生時代の作品

花のもつ生命力を見事に表現している作品(下)、躍動感あふれる構図でアリを描いた作品(左下)、巧みなバランスで構成されたコラージュ作品(左)。小学生とは思えない色彩感覚、バランス感覚など、後に開花する才能の萌芽が見て取れる。

大学生時代の作品

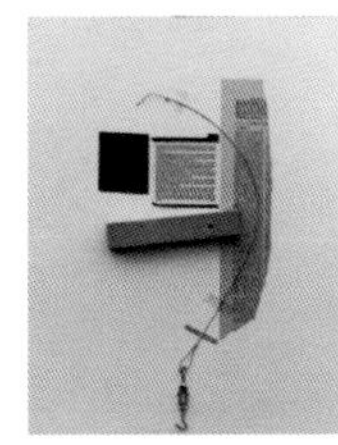

多摩美術大学3～4年生時に作られた作品の一部。ファインアート的表現の中に、現在の作品にも通じる潔さと、構成力を感じさせる。[左上]ギャラリーナカザワで初の展覧会をひらいたときの作品。[右]卒業制作。

COMPONENT 02

すべてが一本の線でつながる、佐藤可士和の年譜。

1965年>> 0歳

2月11日、東京・練馬区に生まれる（3兄弟の長男／父は建築家）。
「可士和」の名は、東京外国語大学名誉教授でロシア語学者の祖父により命名。

1966年>> 1歳

すでにおしゃべりの気質を発揮。

1967年>> 2歳

この頃に読んでいたディック・ブルーナの絵本が、デザインの原体験になる。
父親の画材を借りて、お絵描きに勤しむA。

1968年>> 3歳

3歳にして来客と世間話。いたずら好きで、家族を困らせる。
私立石神井保育園に入園し、絵のコースを自ら選択。
弟の左千也が誕生B。

1969年>> 4歳

教室で目立つことを考えはじめる。お遊戯会では主役、牛若丸を演じるC。
この頃から父と「建築家ごっこ（白紙に家のレイアウトを書く遊び）」をして楽しむ。

1970年>> 5歳

幼稚園の年長から、町の道場「東松館剣道居合道道場」で剣道を習いはじめる。

1971年>> 6歳

練馬区立光和小学校に入学。

1972年>> 7歳

水泳教室に通いはじめる。
当時の好きだった科目は、算数や図工など。どちらかといえば理系。
マンガ家に憧れ、赤塚不二夫や永井豪のマンガをひたすら模写する。

1973年>> 8歳

妹の三緒が誕生。
父の愛車（黄色のシトロエンAMI6）で旅行や展覧会に連れて行ってもらっていた。

A

B

2歳下の弟と。

C

D

Photo: Bridgeman Art/AFLO

1975年 >> 10歳

この年から、2年連続で学芸会の舞台美術を手掛ける。

1976年 >> 11歳

スーパーカーとプラモデルに夢中になる。
自宅改築に際して自室の配色を決めるも、派手な色（絨毯は緑色、ブラインドが赤）を選んで大失敗。
セックス・ピストルズに出合い、音楽だけでなく、ジャケットのグラフィックデザインにも刺激を受ける。

1977年 >> 12歳

練馬区立石神井東中学校に入学し、剣道部に入部。剣道初段に昇段。
初めてレコードを購入（KISSのアルバム）。
映画『スター・ウォーズ』、インベーダーにも夢中になり、ポップカルチャー漬けの日々。
いとこからギターを入手。初めて弾けるようになった曲はレインボーの「Since You Been Gone」。

1979年 >> 14歳

剣道部の部長を務める。

1980年 >> 15歳

私立成城高校に入学（男子校）。
剣道部に入部するも、シゴキを受け面白くなかったので退部。
サーフィンとスケボーに手を出す。

1981年 >> 16歳

美大を志し、御茶の水美術学院に通いはじめる。初めての授業で「ヘルメス像」**D**をデッサンし大感動、アートの道に進むことを決断する。

1983年 >> 18歳

グラフィックデザイン科を目指し、芸大を志すも2浪。
この頃から、見るものすべてをクリエイティブソースとして捉えはじめ、カロリーメイトをジャケ買いする。

1985年 >> 20歳

多摩美術大学グラフィックデザイン科入学。
実家を出て八王子で下宿をはじめる。
初めてのアルバイトは、美術予備校の講師だった。
知人から中古のスカイラインを2万円で購入。
先輩とパンクバンド「009」を結成し、作曲とギターを担当。音楽活動に没頭。

E

1987年 >> 22歳

履修コース選択に伴い、広告コースを選択。AD中島祥文の「新聞広告」の授業で、ADの存在を知り、サイトウマコトや井上嗣也に憧れる。
春休みに、ヨーロッパ各国をひとりで旅行し、アートスポットを巡る。
大貫卓也（当時、博報堂）が手掛けた、としまえんの広告「プール冷えてます」の車内吊りに衝撃を受け、博報堂への就職を決意。

1989年 >> 24歳

ギャラリーナカザワで、初の展覧会を友人と2人で共同開催。
卒業制作として、インスタレーション作品を多数制作する。
春休みに、NYへ旅行。ギャラリーやアートスポットを巡るE。
株式会社博報堂入社。
大阪に配属となり、初めて自分の力の及ばないものの存在を思い知るF。
12月、冬のボーナスでMacintosh Ⅱ ciを購入。
「トーヨータイヤ」「フロムA」「梅田ロフト」などを手掛ける。

F

博報堂の同僚と。

1990年 >> 25歳

Macでポスター作品を制作、大阪のバー「ロンドンコネクション」で個展開催G。
博報堂初のデジタル入稿を行う（MINEサーキットの広告）。

1992年 >> 27歳

東京に転勤になる。
スノーボードにはまり、1シーズンに約30回ゲレンデに通う。
初めて新車を購入。四輪駆動車のフォードエクスプローラー。
「サントリー リザーブ&ウォーターロックス」で、憧れの大貫卓也と初仕事。

G

1995年 >> 30歳

東京・目黒で一人暮らしをはじめる。
ブラッド・ピットを起用した「ホンダ インテグラ」（～97年）でADC賞を受賞。
この頃から名前がメディアに露出しはじめる。

1996年 >> 31歳

「ホンダ ステップワゴン」（～2004年）が、大きな話題に。

1998年 >> 33歳

2年間の交際を経て、悦子夫人と結婚。
この頃から独立を考えはじめるも、事務所名が決まらず苦心する。
「大塚製薬 カロリーメイト」、雑誌『広告批評』のADなどを手がけ、多忙を極める。

1999年 >> 34歳
「PARCO」(〜2003年)
『広告批評別冊 A.D.2000』(青木克憲、秋山具義、服部一成らと)

2000年 >> 35歳
博報堂を退社し、東京・南青山にSUMURAI設立。自ら内装を設計する。

2001年 >> 36歳
赤、青、黄色の3色でグラフィックの新機軸を打ち出したSMAPの広告キャンペーンで、ADC賞のグランプリを獲得H。

H

細谷巖東京アートディレクターズクラブ会長と。

2002年 >> 37歳
パリの資生堂ラ・ボーテで展覧会『TOKYO 02-03〈MORE THAN 2D, LESS THAN 3D〉』を開催。

2003年 >> 38歳
SUMURAIを、神宮前に移転。内装などのデザインを、荒木信雄とともに手掛ける。

2004年 >> 39歳
ギンザ・グラフィック・ギャラリーで個展『佐藤可士和展—BEYOND—』開催。

2005年 >> 40歳
東京・立川市にある「ふじようちえん」(〜2007年)で、ロゴだけでなく、園舎建て替えを含む幼稚園のコンセプト全体を手がける(建築/手塚貴晴+由比)。

I

2006年 >> 41歳
「ユニクロ」のソーホー・ニューヨーク旗艦店をクリエイティブディレクション(インテリア/片山正通)。これを機に、同社のグローバルブランド戦略のプロデュースに携わるI。

2007年 >> 42歳
コンペで採用され、ロゴを手がけた「国立新美術館」が開館(設計/黒川紀章)。
「リサージ」の大幅なブランドリニューアルを行い、話題に。
明治学院大学客員教授に就任。

2008年 >> 43歳
丸の内エリアのクリエイティブディレクターに就任。街全体の"ブランディング"に着手する。
多摩美術大学客員教授となり授業をスタート。

2009年 >> 44歳
「ダイワ精工」のブランド再構築を担い、新社名とロゴも作成。同社は社名を「グローブライド」へ変更する。

2010年 >> 45歳
初の絵本『しょうちゃんとちきゅうくん』発売。
セブン-イレブンブランディングプロジェクトスタート。

J

2011年 >> 46歳

トータルプロデュースを務めた「カップヌードルミュージアム」が横浜にオープン。
クリエイティブディレクターを務めるホンダ「N」シリーズ発表。
NHK BSプレミアム『らいじんぐ産』にて、初のTV番組ナビゲーターを務めるJ。
プライベートブランド「セブンプレミアム」リニューアル発表K。

2012年 >> 47歳

今治タオルの東京初の直営店「今治タオル南青山店」オープン。
新宿にネーミングから考えたビックカメラとユニクロの新業態「ビックロ」オープン。
慶應義塾大学特別招聘教授就任。2020年まで環境情報学部にて「未踏領域のデザイン戦略」という授業を担当。

K

セブン&アイ・ホールディングスの井阪隆一社長と。

2013年 >> 48歳

「ヤンマープレミアムブランドプロジェクト」発表。
「セブンカフェ」発表。空前の大ヒット。

2014年 >> 49歳

三井物産ブランドプロジェクト発表。
今治タオル「100% DESIGN」(ロンドン)出展L。
内閣府「選択する未来委員会 成長・発展ワーキング・グループ」の委員を務める。

2015年 >> 50歳

ホンダ「N」シリーズの累計販売数が100万台を突破。
ディレクターアーキテクトの隈研吾氏と共にプロジェクトディレクターを務めるUR「団地の未来プロジェクト」始動。
「beauty experience」CI発表。
「極真会館」代官山道場の空間デザイン、「FLUX CONDITIONINGS」のトータルプロデュースを手がけるM。
「伊勢志摩サミット」ロゴ選考会審査委員座長を務める。
秋の園遊会に列席。

L

2016年 >> 51歳

有田焼400周年記念「ARITA 400project」にゲストアーティストとして参加。メゾン・エ・オブジェ・パリにて作品発表。以後現在に至るまで有田焼作品の制作を続けるN。
オーダースーツブランド「DIFFERENCE」発表。青山に1号店オープン。
八代目中村芝翫を襲名にて、襲名記念公演の祝幕、記念ロゴなどクリエイティブワークを担当。

M

N

メゾン・エ・オブジェ・パリにて山口祥義佐賀県知事と。

日清食品関西工場にて安藤徳隆社長と。

創業300周年の老舗企業「三輪山本」の社名やパッケージリニューアルをディレクション。
SAMURAIに建築・設計スタッフが入社し空間デザインも本格的に自社で手掛けるようになる。

2017年 >> 52歳

文化庁・文化交流使としてニューヨーク、ロンドンにて講演活動、パリの日本文化会館では展覧会を開催O。
今治タオル本店リニューアルのトータルプロデュースと空間デザインを行う。
「DD HOLDINGS」CI 発表。
クリエイティブ統括責任者を務める「LIVNEX」設立。
千里リハビリテーション病院　絵画・音楽棟、園芸棟などを備えた木造建築の二期工事が完了。
谷川俊太郎氏とのコラボレーション絵本『えじえじえじじえ』を制作。

2018年 >> 53歳

トータルプロデュース、空間デザインを担った「焼鳥つかだ」中目黒にオープン。
インテリアデザイン総合ディレクションを務めた武田グローバル本社竣工。
楽天デザインラボ発足。
有田工業高校での特別授業スタート。

2019年 >> 54歳

日清食品関西工場 見学施設オープンP。(2019年ACCブランデッドコミュニケーション部門グランプリ受賞)
DAIWAの技術力をアパレルに展開した「D-VEC」表参道ヒルズ店オープン。
日清食品60周年記念社史「SAMURAI NOODLES」が「D&AD Awards 2019 Yellow Pencil」受賞。
日本GLPとのプロジェクト「ALFALINK 相模原」発表。
慶應義塾大学SFCでの授業をまとめた『世界が変わる「視点」の見つけ方――未踏領域のデザイン戦略』(集英社新書)を刊行。

2020年 >> 55歳

くら寿司浅草ROX店オープン。
FLAT HACHINOHE 竣工。
「LIVNEX HOUSE」発表。
楽天デザインラボ、Dalton Maag社との協業で楽天グローバルフォントのデザインを刷新。
全広連日本宣伝賞・山名賞受賞
SAMURAI設立20周年。3月よりリモートワーク体制にシフト。

谷内六郎

Rokuro Taniuchi

1921 ～ 1981

●1955年に第1回文藝春秋漫画賞を受賞。翌年、『週刊新潮』創刊と同時に表紙絵を担当、死を迎えるまでの25年間、1300号以上にわたり表紙を飾った。

子どもの目に映る昭和の田舎の風景を、季節の風物詩や日常の遊びを通じて温かいタッチで表現。ファンタジックな世界もありありと描き出した。

谷内六郎が描く世界は、誰もがどこかで見た覚えのある、けれども夢と現実の狭間のような、そんな遠い記憶を思わせる原風景だ。日本の原風景でありながら、谷内独自の世界観でもある。子どもの頃の妄想や心象風景をデフォルメした構図に、見る人も共感できているのだと佐藤は解説する。
「アートディレクターという僕の仕事は、世界観を作ること。だから、谷内六郎の世界の切り取り方には驚愕します」。驚きの範疇を逸脱した表現ではなく、深層心理で求めていた視点を提示する人。そんなクリエイターを佐藤は敬愛する。

Photo: picture alliance/AFLO

アンドレアス・グルスキー

Andreas Gursky

1955 〜

●ドイツ・ライプチヒ生まれ。写真学校フォルクワンクシューレ、デュッセルドルフ美術アカデミーで学び、ベッヒャー夫妻に師事。広大かつ現代的な光景を均質に写し出す作品が特徴。

すべてにピントが合い、細部の色まで鮮明に表現された『ラインⅡ』。
グラフィカルで構成的、非現実的な美しさ。

一見、何の変哲もない風景なのに、アンドレアス・グルスキーの写真はどこか不思議だ。「写るものすべてに焦点が合ってるから、剛性感が強く、設計された写真になってる」。たしかに、じっと見ていると、フラットで遠近感のない奇妙な世界に誘われる。

「僕は風景写真が好き。切り取られた風景って、切り取ることでそこにひとつの世界が生まれる」。それはアートディレクターの仕事と同じだと佐藤は言う。

「普通の風景をとんでもなく変わった視線で切り取り、しかも淡々と見せることで、グルスキーの写真には、普通じゃない新鮮なイメージが浮かび上がっているんです」

Photo: フリッツ・ハンセン

ポール・ケアホルム

Poul Kjærholm

1929 ～ 1980

●デンマーク・コペンハーゲン生まれ。コペンハーゲン工芸大学を卒業後、フリッツ・ハンセン社に入社。籐やスチール、革など素材の組み合わせが美しく、繊細なバランスを持つ家具を数多く制作。

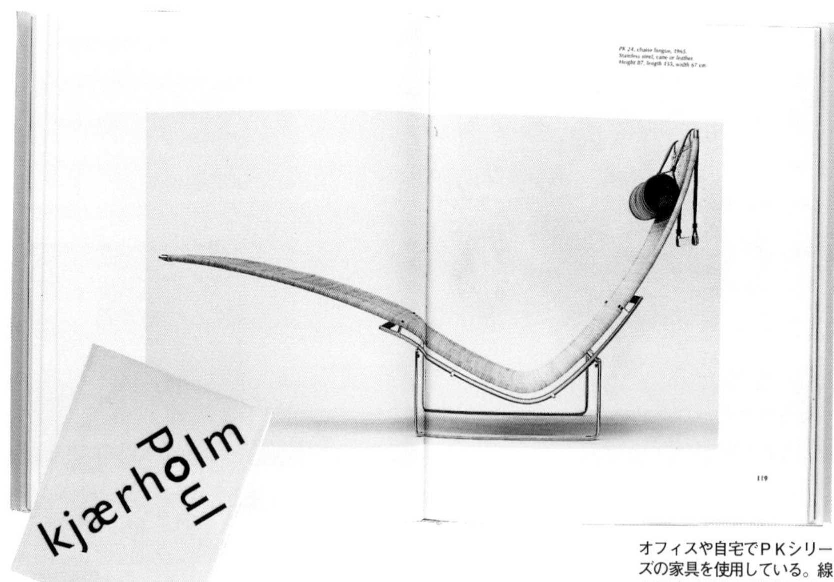

オフィスや自宅でＰＫシリーズの家具を使用している。線が細くて低めのデザインは、日本の床座空間にも合う。

「押せ押せな感じじゃなく、繊細で引いた佇まいなのに、隅々までバシッと計算が行き届いている」。ポール・ケアホルムの家具には、グルスキーの写真にも似た剛性感があると佐藤は言う。シャープなバランス感覚と緻密な設計。「無垢のステンレスを専用の型で抜いたりしていて、想像以上の手間がかかってる。ある一定の緊張感を持ちながらも使いやすい、こういうものを僕も作りたいですね」

奇抜ではないが、どこか佇まいが違う――グルスキーやケアホルムに影響を受けた美意識は、自らが手掛けたNTTドコモの携帯電話のデザインに、少なからず生かされている。

Photo: F. André de la Porte

ディック・ブルーナ

Dick Bruna

1927 〜 2017

●オランダ・ユトレヒト生まれ。父が経営する出版社で装丁の仕事をしながら絵本を描き、1955年、ミッフィーを誕生させる。ポスターやロゴを手がけるグラフィックデザイナーでもある。

en ja hoor, op een mooie dag
kwam er een klein konijntje
zij trokken haar een jurkje aan
en noemden haar toen nijntje
toen hoorde het visje
een reuze gespat
en viel er het meisje
plons-plons in het nat

赤、青、黄、緑の代表的な色はブルーナ・カラーと呼ばれ、深みのある温かさが特徴的。震えている手描きの輪郭も印象的。

佐藤がグラフィックデザインを最初に意識した体験が、子どものときに出合ったディック・ブルーナの絵本である。「物心つくかつかないかの頃だけど、すごく大きな影響を受けてる。明らかに他の絵本とは違う佇まいを感じてたし、このグラフィカルな要素をカッコいいと思ってた」

正方形という独特の形。見開きの片側が、白地にスミ文字のタイポグラフィ。そして反対側には色ベタに記号的なキャラクターが入る。「色の感覚にもかなり影響されましたね」。子ども心を動かすシンプルコミュニケーション。のちに赤・青・黄の“色”を記号にしたSMAPの広告に通じる、グラフィカルな感覚の原点がここにある。

Photo: AFLO

ミケランジェロ・ブオナローティ

Michelangelo Buonarroti

1475 ～ 1564

●ルネサンスにおける三大巨匠のひとり。ピエタやダヴィデ像といった彫刻、システィナ礼拝堂の壁画などを制作したほか、サン・ピエトロ大聖堂の改修を指揮し、建築家としても活躍。

Photo: ANSA/AFLO

佐藤がもっとも好きだという『モーゼ』。250㎝ほどもある大彫刻だが、ミケランジェロはこれを1個の石から彫り出していった。

意外なようだが、佐藤は大のミケランジェロ・ファン。大学時代にはヨーロッパでミケランジェロ巡りをしたという。「もうブッちぎりの天才。この人の彫刻は、遠くからでもミケランジェロだとわかる。同時代の人の作品と比べて、ここまでやる人はいないぐらい過剰に細かくディテールを作り込んでいて、たぶん変態というか、偏執狂だと思います」

しかも彫刻だけでなく、当然絵も描き、衛兵の制服のデザインから建築設計までマルチにこなしたミケランジェロ。「とてつもない才能の塊。僕も同じクリエイターとして、その振り幅の大きさに気持ちいいくらい圧倒される。まさに神のような存在ですね」

Photo: picture alliance/AFLO

アレキサンダー・カルダー

Alexander Calder

1898 ～ 1976

●アメリカ・フィラデルフィア生まれ。祖父と父が彫刻家、母は画家という家庭で育つ。1926年に渡仏し、ミニチュアサーカス団「カルダーサーカス」を開始。32年、モビールを作りはじめる。

D.R.

カルダーのモビール作品『The "Y" 1960 Mobile』。針金や糸で人形を操る独自のエンターテインメント『カルダーサーカス』から進化したもの。

クリエイティブの鍵は「バランス」だと佐藤は言う。だからこそ、アレキサンダー・カルダーの作るモビールに対して強い憧れを抱いている。「創造する上で一番重要なバランス、それ自体を作品にしているというのが渋いなと思いますね」

ただ単にコンポジションが美しいだけじゃなく、それらが危うく崩れそうなギリギリの線で、ぴたりと均衡を保つことの美しさ。「だから、みんな感動する。しかも空気を感じられるところがいい」。空気の微妙な動きに反応するモビール。その存在があるだけで、四角い空間の流れが変わる。佐藤が世の中に仕掛けるのも、まさにこのモビール効果だ。

パブロ・ピカソ

Pablo Picasso

1881 〜 1973

●20世紀最大の画家。スペイン・マラガで過ごした幼少期より絵を描き、のちにパリへ。『アヴィニョンの娘たち』『ゲルニカ』などの絵画をはじめ、彫刻や陶芸など多彩な表現活動を展開。

1937年に発表された『ゲルニカ』。佐藤は大学時代のヨーロッパ旅行でミケランジェロと並行してピカソの展示を精力的に巡った。

ミケランジェロと同じ理由で、佐藤はピカソを敬愛する。「どうしてこんなに大きな振り幅で仕事ができるんだろうって、そのド天才ぶりに感服します」。ひと握りの作家が一生かけて突き詰める作業を、ピカソは2、3年で成し遂げてしまう。「多作で、さらに長生きだったりするのも完璧ですね」

絵画から彫刻、さらには陶芸まで、生涯にわたって繰り広げられたダイナミックな活動の振り幅。それを支えるのはバランスであり、軸、つまり独自の視点だ。「自分の軸さえしっかりとわかっていれば、バランスもとれるし、ブンブン振り回しても転ばない」。谷内、ミケランジェロ、そしてピカソ。軸の通った天才に失敗作は存在しない。

Photo: TopFoto/AFLO

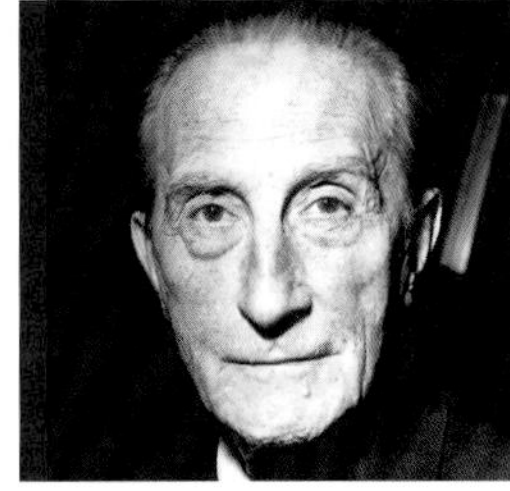

マルセル・デュシャン

Marcel Duchamp

1887 ～ 1968

●幼少時より絵を描き、1904年渡仏。パリで芸術活動を展開するが、12年頃には油絵を放棄。アメリカへ移住し、『大ガラス』や『レディメイド』など哲学的な作品を制作。

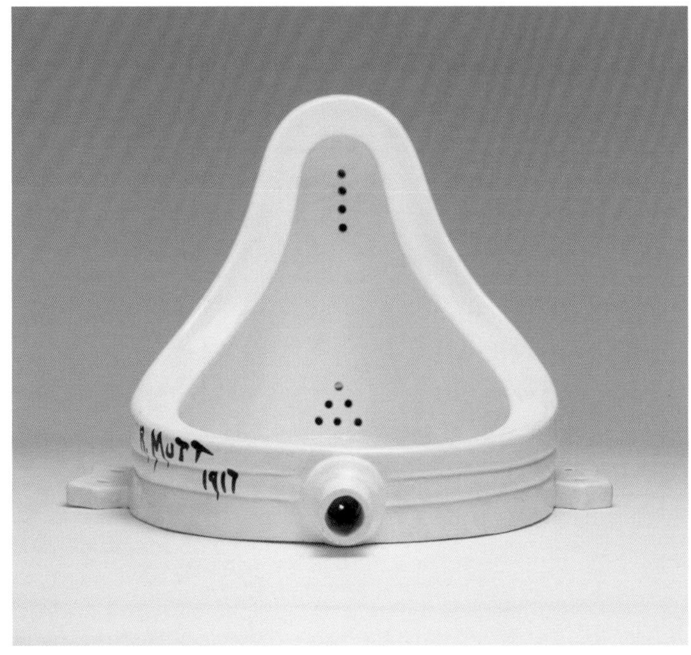

京都国立近代美術館所蔵

1917年に発表された『泉』。既製品をそのまま展示する『レディメイド』の中でも特に有名な作品。

コンセプト自体が作品になる、つまりコンセプチュアル・アートというものに、高校時代の佐藤がハマるきっかけとなったのがマルセル・デュシャンだ。「現代美術の出発点。こんなことを考えている人がいたんだ！ と驚いた。あのピカソですら絵を描いたり彫刻を作ったりしていたときに、作らない、という考え方をアートとして差し出した人。まさにパンクの原点ですよね」

新しい視点を提示すると新しい価値が生まれる。広告というのはまさに、そんな現代美術に近い考え方だ。「だから、僕は仕事として広告を選んだ。広告は社会をキャンバスにした、コンセプチュアル・アートだと思う」。パンク、現代美術、そして広告。すべてはつながっている。

Photo: REX/AFLO

ダミアン・ハースト

Damien Hirst

1965 〜

●ロンドンのゴールドスミス・アートカレッジ出身。1988年、グループ展「Freeze」で注目され、Young British Artistsの潮流を作る。91年、鮫のホルマリン漬けで一躍スターに。

牛の輪切りをホルマリン漬けにした
『Some Comfort Gained From the Acceptance of the Inherent Lies in Everything』

「久々に現れた現代美術界のロックンロール・スター。待ってました、という感じでしたね」。インスタレーション、バイオレンス、ミニマリズム、そして作品の馬鹿デカさなど。現代美術が内包する刺激的でわかりやすい要素を、恥ずかしげもなく、むしろ確信犯的にやってみせるのが、ダミアン・ハーストのロックっぽさだと佐藤は言う。
「みんなが大好きな現代美術テイスト満載で、決して突飛すぎない。彼もまた、ありそうでなかったものを顕在化してみせる人」。佐藤とダミアンは実は同い年である。ほとんどの作品の実物を見ているという、そんな同時代性も現代アートの面白さだ。

Donald Judd Portrait. ©Judd Foundation.
Photo: Judd Foundation archive.

ドナルド・ジャッド

Donald Judd

1928 〜 1994

●アメリカ。コロンビア大学で学び、1950年代に画家として活動をはじめる。60年代中頃から立体作品を制作、「スタック(積み重ね)」などの幾何学的スタイルで建築にもつながる表現を試みた。

『無題』(1989年)。何もない空間で、彩色された
さまざまな大きさの箱を壁や床に並べて設置する独特の表現。

直線、円、無限に連続するループなど、幾何学的な表現には美しさを感じる、と佐藤は言う。「デザイナーやものを作る人にとって、特に直線というのは究極の憧れ。なぜなら、直線は絶対にこの世に存在しない、数学的概念であり、哲学だから」

ドナルド・ジャッドの作品を見ると、佐藤はそんな数学の神秘に思いを巡らせ、ひたすら箱ばかりを作り続けたジャッドの行為にシビれるのだとか。研ぎ澄まされた直線や箱には、コンセプチュアル・アートの佇まいがある。3色を記号にしたSMAPの広告や、四角い箱を突き詰めたドコモの携帯電話の表現には、彼の数学への憧れが見え隠れする。

COMPONENT 04

音楽のない人生なんて、まったく想像できない！

自他ともに認める音楽フリークの佐藤。好みの音として挙げてくれたのが、「パンク」「ギター」「カバー」「アイリッシュ」という4つのカテゴリーだ。取材当日、ドン！　と持ち込まれたアルバムの中でも、色褪せたセックス・ピストルズのレコードが、ひときわ目を惹いた。

世界中にパンクを広げたセックス・ピストルズは、佐藤のデザインの原点だ。「ジャケットのインパクト、ヴィヴィアン・ウエストウッドのファッション……。サウンドだけでなく、ポップカルチャーとしても衝撃だった」

続いて挙げられた、ハードコアのクラスやディスチャージ、メロコアのスナッフなどの名前からも、いかにパンク好きかが窺い知れる。

大好きなパンクで勢いがついたのか、ひと息つく間もなく、話はカバーの魅力に移っていく。「カバーって、不思議なことに原曲よりカッコいいことが多いんです。解釈の仕直しがポップで面白い。アートにたとえたらマルセル・デュシャンやウォーホルのような感じで」

いっぽう純粋に音楽として愉しんでいるのは、ギターサウンド。クラシックギタリストの村治佳織がお気に入りだとか。美大時代の4年間、バンド活動に明けくれた佐藤にとって、村治は〝圧倒的な才能を感じさせる〟存在。「CDにサインをもらっちゃった」と嬉しそうに見せてくれるほどの大ファンなのだ。

クリエイター、プレイヤー、リスナー。3つの視点から、佐藤は音楽を心底味わい尽くしている。

SEX PISTOLS

セックス・ピストルズ

「サウンドだけじゃなく、ファッション、グラフィックなど、あらゆる意味で衝撃を受けた」。1970年代、ロンドンから発信されたパンク・ムーブメントは世界中の話題をさらった。

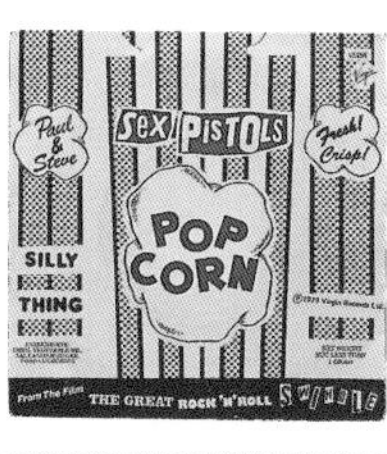

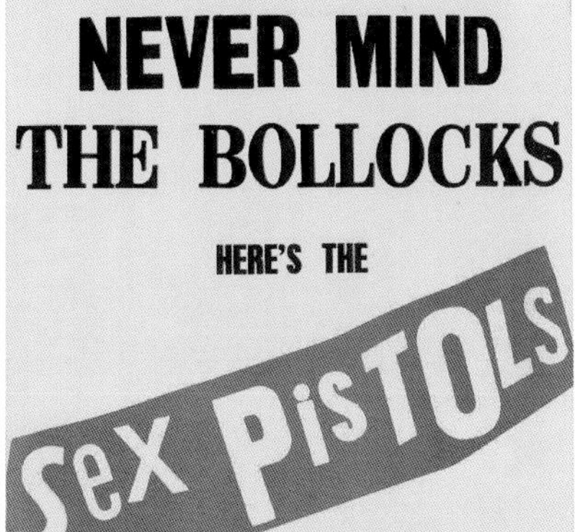

[右]1977年のデビューアルバム『Never Mind the Bollocks』は、ロック史上最大の問題作。彼らの活動はわずか26カ月だが、後に与えた影響は絶大だ。それ以外は、貴重なシングル盤。［左上］『God Save The Queen』、［右上］『Silly Thing』、[左下]『Pretty Vacant』、[右下]『Holidays in the Sun』。

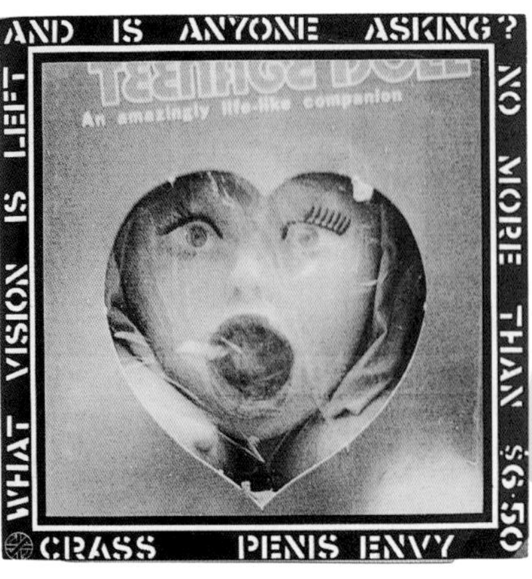

ハードコアを代表する2バンドからセレクト。[上]斬新なジャケットが印象的なクラスの『Penis Envy』。[右]過激でバイオレンスなサウンドがウリのディスチャージの『Hear Nothing See Nothing Say Nothing』。

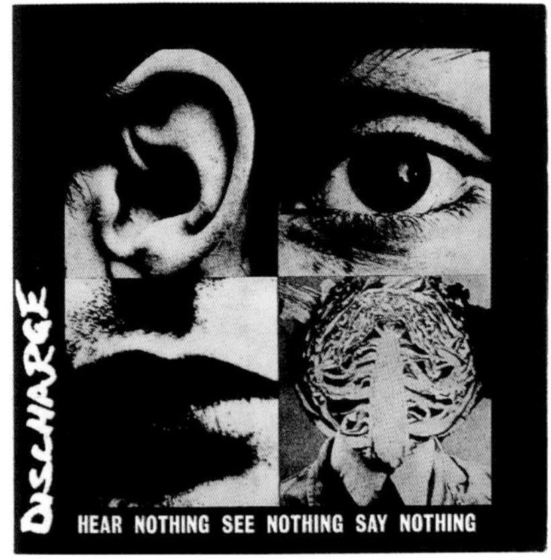

PUNK

パンク

商業化されすぎたロックへの反動として誕生したパンク。音楽の範疇を超えて、ポップカルチャーとして「つねに前衛でありたいと願う」人たちから、圧倒的な支持を集めた。

COVER
カバー

「音源の再解釈」というコンセプトが、カバーの命であり、面白さでもある。オリジナルを超える傑作カバーが誕生することも、他の芸術にも通じた、カバーという世界の醍醐味だ。

[左]カーペンターズの曲をレゲエ調にアレンジしたSheelaの『Yesterday Once More』、[右]メロコアバンド、スナッフの『DEMMAMUSSABEBONK』。スナッフは「六甲おろし」や「メダカの学校」など、日本の楽曲を多数カバーしていることで有名。

IRISH
アイリッシュ

リスナーとして好みの音に挙げた。伝統音楽からエンヤやU2まで、アイリッシュの魅力はさまざまあるが、特にアイリッシュ・パンクが、お薦めだとか。

[左]ビル・ウィーランのアルバム『Riverdance/on Broadway』は、世界中で大人気のアイリッシュ・ダンス・ミュージカル〈リバーダンス〉ブロードウェイ公演を収録したもの。[右]アイリッシュ・パンク、フロッギング・モリーの『Within a Mile of Home』。

GUITAR
ギター

大学時代、ギターにどっぷり浸かった佐藤は「ありとあらゆるギターのサウンドが好き。うまい演奏を聴くのは最高の気分」。自宅にもオフィスにも、常にギターを置いている。

[左]限りなくユルいアコースティックギターの音色が心地よい、ジャック・ジョンソンの『In Between Dreams』。[右]日本が生んだ天才ギタリスト村治佳織のアルバム『Spain』は、ロドリーゴの名曲を中心に編まれた。村治からのサインが見える。

COMPONENT 05

映画を通して、「想像を超えた世界」を見たい。

「本やアートなど、他の芸術では決して描くことのできない立体の世界」である映画は、佐藤にとって特別な存在である。そして、「ずいぶん考えた」結果、最も好きな映画として推すのが、『ジュラシック・パーク』だ。

「膨大な予算と時間をかけて作られた最先端のテクノロジー、そしてビジュアルインパクトが、とにかく感動的だった」

さらにスピルバーグに話が及ぶと、「エンターテインメントからシリアスな問題作まで、幅の広さも圧倒的！　そして必ず観客が集まり、長年メジャーで居続けている。クリエイターとして本当にすごい」と大絶賛する佐藤。

つぎは一転して、戦後から1970年代にかけて活躍した、特撮映画の巨匠レイ・ハリーハウゼンが登場する。「彼こそ本物のパイオニア。作品にビジュアル的な刺激があふれてる」。CGがなかった時代の実験精神もまた、佐藤を惹きつけてやまないのだ。

そして最後に、佐藤はアジアのヒーロー、ブルース・リーを大プッシュした。「人間技とは思えないアクションで、バイオレンスをカラッと描いているのがいいよね。自分でも真似したよ、ヌンチャク作ってね」

時代、国、俳優などだけを追うと脈絡がないように思える。

だが、「見たことのないものを見てみたい。自分にはできない世界を体験してみたい」という佐藤の想いは、どの作品からも読み取ることができる。

Steven Spielberg
スティーブン・スピルバーグ

アメリカ映画界の巨匠。「これがベスト1」と真っ先に語りはじめた『ジュラシック・パーク』から、ナチスによるホロコーストを描いた『シンドラーのリスト』まで、幅の広さにも敬服するという。

『ジュラシック・パーク』
¥1,429（税別）
NBCユニバーサル・エンターテイメント

『シンドラーのリスト スペシャル・エディション』
¥1,429（税別）
NBCユニバーサル・エンターテイメント

Ray Harryhausen
レイ・ハリーハウゼン

「アラビアン・ナイト」の主人公を描いたSFファンタジー『シンドバッド 黄金の航海』。精巧なミニチュアとストップモーションを用いて、世界を驚かせた。

『シンドバッド 黄金の航海』
¥2,075（税込）
ソニー・ピクチャーズ エンタテインメント

Bruce Lee
ブルース・リー

「『ドラゴンへの道』も好きだけど、1本を選ぶなら、やっぱりコレ！」。ブルース・リーの名を全世界に知らしめた代表作『燃えよドラゴン』を、好きな作品に挙げた。

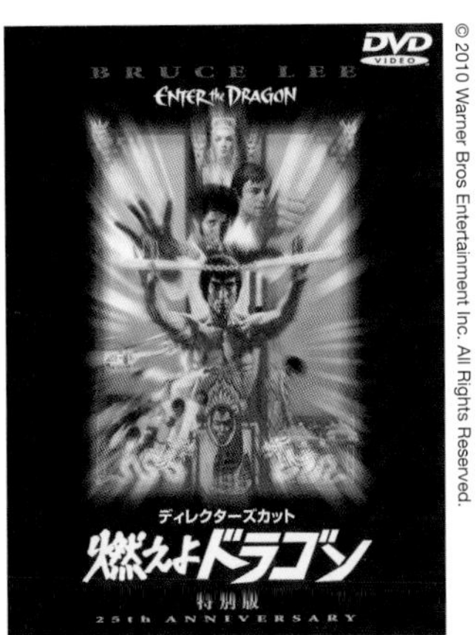

『ディレクターズカット 燃えよドラゴン 特別版』
¥1,572（税込）
ワーナー・ブラザース ホームエンターテイメント

80年代が広告の黄金期で、90年代はキャンペーン型の時代。
2000年代に入ると、ブランディングが重要になると思い、僕は会社を辞めた。

僕は広告マンというより、もともとがデザイナー。
だから、**なんでもデザインできる。**

デザインの力を総合すれば、
ブランディングの時代が来たとき、
絶対に結果を出せる。
それを自分でやるために
SAMURAIをつくった。

デザインは、
クリエイティブな部分が
ブラックボックス化され、
曖昧で感覚的。
そういう霧を晴らして
もっとオープンに
したほうがいい。
ロジカルに一般化すれば、
社会で広く理解を得られる。

美とは何か、
ということをずっと考え続けている。
なぜ、みんな美しいものに魅かれるのか？
それを考えないと、人の心が打てない。

シンプルであることは難しい。
単純であることとは違うから。

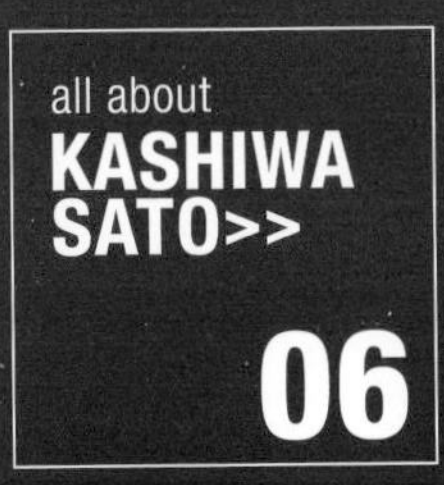

30年の活動を再編集、佐藤可士和展

PROJECT 36 >> 佐藤可士和展 KASHIWA SATO EXHIBITION

〝現実美術〟としての、「佐藤可士和展」の意義。

「お話をいただき光栄でした。クリエイティブディレクションやブランディングが日本の文化のひとつとして位置づけられるようになったのかと思うと、感慨深かったです」

こう語る佐藤の、30年にわたる活動の軌跡を伝える過去最大規模の個展が、2021年に国立新美術館で開催された。ロゴデザインを手がけた同館で、いつか展覧会をしたいと願っていた夢がかなった形だ。展示物のキュレーションと制作から空間構成、チケットデザイン、ミュージアムショップで販売されるオフィシャルグッズまで、すべてのディレクションを佐藤が手掛けた本展は、展覧会自体が佐藤の圧倒的なクリエイティビティに迫るひとつの作品となった。

2000㎡という大空間に、クリエイティブディレクターとして様々な領域において手掛けてきたブランディングプロジェクトや平面のメディアに展開されるグラフィックデザインの作品、インタラクティブなデジタルコンテンツなど、多彩な展示手法で楽しめる仕掛けをつくった。東京郊外にアトリエを設け、展示室と同じ高さ5mの壁を立ててシミュレーションするという徹底ぶり。佐藤が手掛けた数々のロゴが、巨大な絵画やオブジェに立体化されて一堂に会した壮大なインスタレーションなど、国立新美術館をデザインのパワーで覆い尽くした今回の個展。アートにおける最先端が現代美術ならば、社会をキャンバスにデザインの可能性を提示する佐藤の活動は〝現実美術〟といえるだろう。

準備段階では、模型でもシミュレーションを重ねてプランを研ぎ澄ました。立体化されたロゴが並ぶ空間を始め、数々のプロジェクトを多角的に紹介したほか、クリエイターとして美とは何かを追求した作品の発表も行い、今までの仕事を客観的に見直して再編集。「クリエイティブの力を感じてほしい」という佐藤のエネルギーと創造性が遺憾なく発揮された個展となった。

LDH

MITSUI&CO.

Who makes the

LOFT SUMMER FESTIVAL
7.18–8.16
UCHI NIGHT
ADC大学
University of Tokyo Art Directors Club
KITTY EX.
ISSEY MIYAKE
BY NAOKI TAKIZAWA
SPRING 2007 & SUMMER COLLECTION INVITATION
LOFT HAPPY HALLOWEEN
HAPPY HALLOWEEN
三井物産の「創る力」
218 PROJECTS FOR THE OCEAN
THANK YOU! MAMA
スゴイね！
SmaSTATION!!
ELLE LOVES ART
NEWS
Smap
Smap!
UNIQLO
SENSE. PARCO
Thank You! Mama
5・9 Mother's Day
LoFt

360°
business
innovation.
Good Design Presentation 2006
THINK GOOD
LISSAGE MEN
THANK YOU! DADDY.
NO MORE IMAGE PARCO
ISSEY MIYAKE BY NAOKI TAKIZAWA 2006 SPRING & SUMMER INVITATION
THE NATIONAL ART CENTER, TOKYO
乳酸菌配合
MARU NO UCHI
Smap
Smap
Smap
Smap
HALLOWEEN SHOW!

UNI
QLO

UNI
QLO

UNI
QLO

PARCO

SEVEN&i

SEVEN&i
STOP FOR NOTHING
UNIQLO
SEVEN&i
UNI QLO
ユニ クロ

歌舞伎や有田焼、今治タオルも、
日本が世界に誇れるもの。
**日本の良さを世界に
プレゼンテーションする**
お手伝いをしたいという気持ちはすごくあります。

空間は、コミュニケーションの道具。

国立新美術館で
「佐藤可士和展」をやるということは、
僕らのやっていることも、
**日本の文化の1ページに
刻まれるということ。**
その自覚を持って、
今後の活動をやっていきたい。

ミケランジェロは、
ルネサンス期の**天才的な
クリエイティブディレクター**だと思う。

美しいものイコール強いもの。

学校では、型にはまった「美術」より
「クリエイティブ」の授業をすればいいと思う。

デザインで社会に貢献する、未来へのプロジェクト

PROJECT 37 >> GLP ALFALINK相模原

GLP ALFALINK SAGAMIHARA

物流の未来は、〝創造の連鎖〟から始まる。

「GLP ALFALINK相模原」のコンセプト発表は2019年。従来のディベロッパーとテナントの関係ではなく、共感してもらえるパートナーを募るという姿勢も評判を呼んだ。施設は2021年から2024年にかけて順次オープン予定。“α”をモチーフにしたロゴは、陸・海・空をシームレスにつなぎとどまることなく広がり続けるモノや人、情報、価値の流れを表現した。

デザインの領域を広げ続けてきた佐藤が、新たに挑むこととなったのは物流業界。クライアントの日本GLPからの依頼は、「物流の〝次〟をつくってほしい」という難題だった。相模原に取得した9万坪という広大な敷地を活用し、単なる物流施設ではなく、新たな価値やビジネスをつくりだす場にできないか、と。

トータルなブランディングを任された佐藤は、コピーライターの斉藤賢司とともに、まずは「創造連鎖する物流プラットフォーム」というコンセプトを構築した。テナントどうしの交流や協働を育み、地域コミュニティとのつながりを広げ、従来のコストセンターからプロフィットセンターとして成長していく場となるための提案だが、「施設を〝見せる化〟し、共創のコミュニティを創出する『オープンハブ』というあり方、これまでの物流施設にはなかった考え方だと、快諾していただけました」

柱が決まったことで、プロジェクトは大きく前進。佐藤がデザインしたリング状の共用棟には、レストランや託児所、コンビニなどを備え、地域にも開かれたオープンな場となる予定だ。人が集い、アイデアが生まれ、新たなビジネスが創出される――。そうした〝＋α〟を生み出していく場となるよう、ブランド名は「アルファリンク」とした。

これまでバックヤードの業務として捉えられていた物流が、社会の前面で価値や事業の創造の拠点となっていけば、業界の未来は大きく変わっていくはずだ。

ALFALINK
GLP

ALFALINK

PROJECT 38 >> FLAT HACHINOHE フラット八戸

空中をメディアにして、新たなアリーナを訴求。

きっかけは、建築専門のマネジメントを行う山下PMCからの推薦。SAMURAIはコンセプト設計、施設のネーミングからロゴ、空間デザインまで担当した。屋外スペースのロゴは、ブロックどうしをかみ合わせるインターロッキングブロックで表現。「空中をメディアにした」という屋外の仕掛けは空から見ると、さながらナスカの地上絵のようなインパクト。2020年春にオープンした。

このプロジェクトは、従来の行政がつくり運営する施設とも、民間の観戦型スポーツアリーナとも異なり、民間がつくった施設を行政も共に使用するという新しい官民連携モデルを提示した画期的なものだ。発起人であるゼビオグループ傘下のクロススポーツマーケティング社が構想したのは、地域と共生する新たな形のスポーツ施設。青森県八戸市と連携し、アイスホッケークラブチームのホーム、市民が楽しめるアイスリンク、コンサートやイベント会場、学校の体育や地域行事での活用など、あらゆる人に開かれた「日本型多目的スペース」となる施設を目指した。その地域独自の活力を生み出し次世代の社会に貢献していく同施設のクリエイティブディレクションを佐藤が担当。

「プロ、アマ、小学生など地域の市民すべての人がこれまでにない自由な発想に基づく使い方ができる。この新しいあり方を〝FLAT〟という言葉に集約してコンセプトとし、この理念を伝えていこうと施設名もそのまま〝FLAT HACHINOHE〟としました」。

空間デザインも手掛けた佐藤は、より幅広く利用できるよう、アリーナに加えて屋外エリアへとひと続きになるフレキシブルな多目的スペースを提案。また、屋外の公共空間を空から見ると巨大なロゴが浮かび上がり、街の新たなアイコンとして存在感を放っている。イベントあり授業あり、まさにフラットな多目的アリーナとして、八戸の人々とともに歩み始めた。

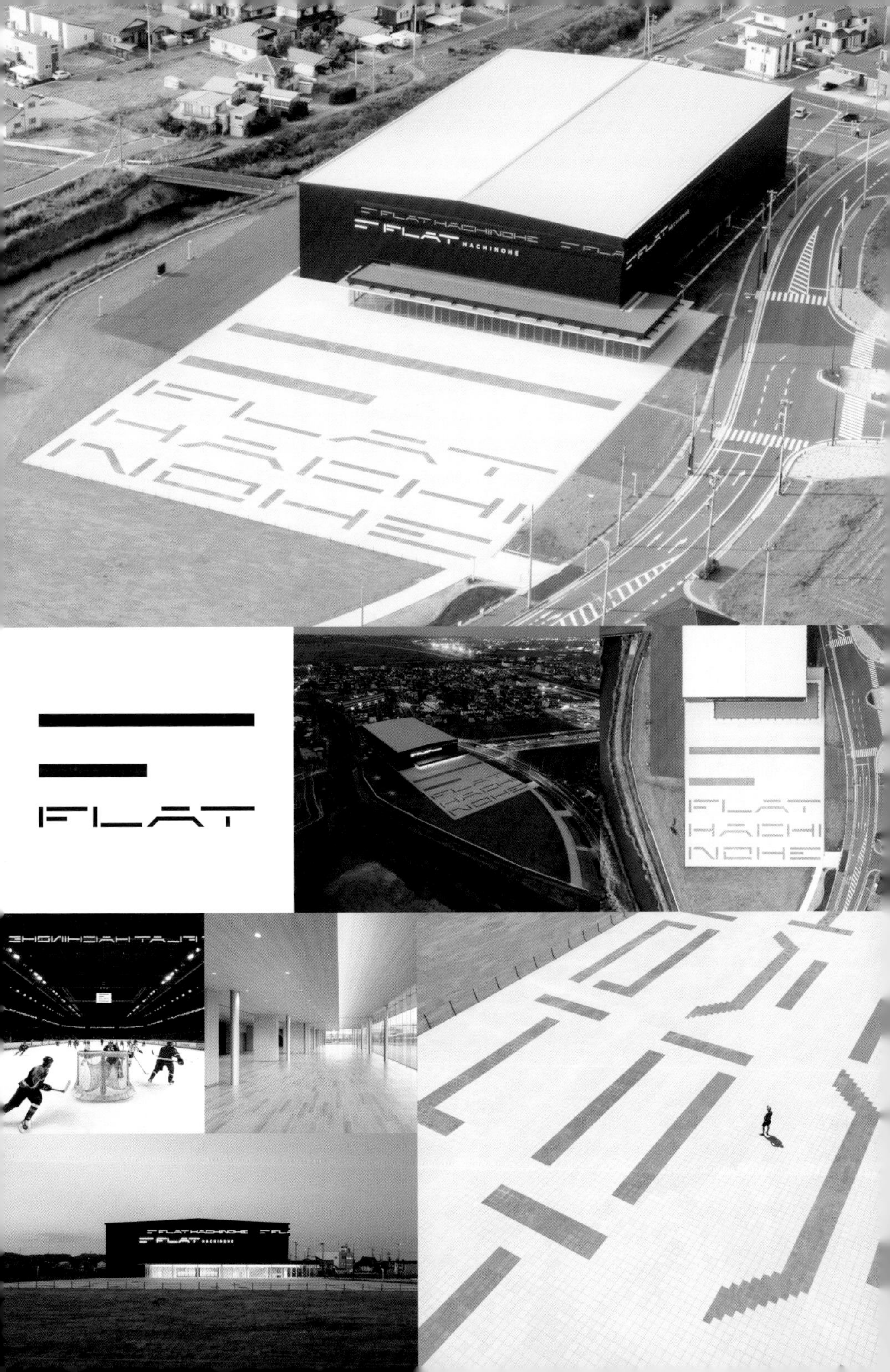
FLAT HACHINOHE
FLAT
HACHINOHE
FLAT
HACHI
NOHE
FLAT

PROJECT 39 >> 団地の未来プロジェクト

団地を活性化する、「建築×活動」の意義とは。

UR DANCHI NO MIRAI PROJECT

佐藤はプロジェクトディレクターとして全体の指揮をとり、「団地の未来プロジェクト」というネーミングやロゴデザインも担当。北団地のエリアでは、SAMURAIが広場や住棟ファサードの改修も手掛けた。外壁を塗り替え、手すりは木調のルーバー状に。砂利と柵を取り払い芝生を植えた広場は、ピクニックしたくなる場所に大変身。2020年秋に完成した。

今、佐藤が手掛けるブランディングは、社会課題の解決という次元にまで広がっている。UR都市機構が横浜の洋光台団地をモデルに進める団地再活性事業は、その代表例だ。高度成長期を支えた団地の多くが建物の老朽化や住人の高齢化などの課題を抱える中、地域全体の活性化や新しい住まい方の提案を目指す。プロジェクト前段階の有識者会議への参加を含め、佐藤は9年にわたってこの課題に取り組んできた。

ともに本件を担うのは、建築家の隈研吾。彼の建築的アプローチと佐藤のコミュニケーションデザインという、ハードとソフトの融合が大きなエネルギーとなっただけでなく、「多様な知恵が出会うほど、新たな解決方法が生まれやすくなる。ですから、色々な分野の専門家と意見交換してアイデアを募る、オープンイノベーション型プロジェクトとしました」。

アイデアを実現化した取り組みを〝活動〟とみなし、「建築×活動」が今回のブランディングの核心だと語る佐藤。皆が集いたくなる集会所、屋外空間で読書を楽しんでもらうためのライブラリー、クラウドの考えを取り入れたシェアサービスなど、幾つもの活動が具現化した。「団地のいちばんの魅力は、集まって住むパワー」だと佐藤が語る通り、地域のコミュニティ拠点が誕生しプロジェクトの拡がりが目に見える形となってきた。こうした取り組みが全国の団地のモデルケースになることを願い活動は続く。

1-3

SAMURAIデザイン監修の洋光台北団地集会所に隣接する広場。ロゴをモチーフにしたアイコニックな木製ファニチャーが印象的な空間。

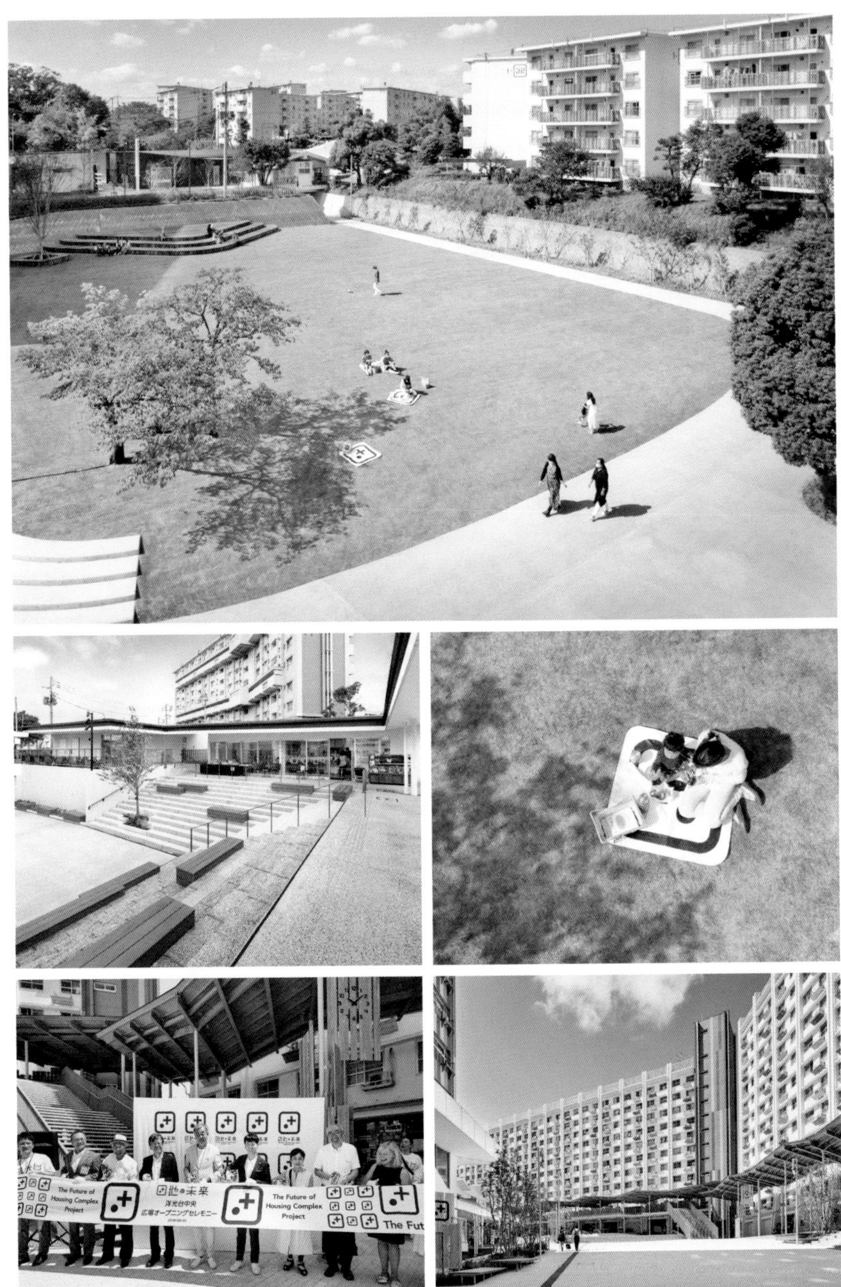

[中左]アイデアコンペ最優秀案NAAW(長野憲太郎、王翠君)による北団地集会所。[中右]幅允孝監修の「団地のライブラリー」はバスケットに入った3冊の本を自由に選び特製の専用ラグを広げて団地内の様々な場所で読書を楽しめる。[下右]隈研吾による駅前の中央団地広場改修。団地ならではのゆったり感を引き出すリニューアル。[下左]中央団地広場のオープニングイベントでは住民も参加したテープカットを実施。

PROJECT 40 >> 教育活動 EDUCATION

デザインのもつパワーを、若い世代に伝えたい。

いっぽう、慶應義塾大学湘南藤沢キャンパス（SFC）では、学生たちに向けて「未踏領域のデザイン戦略」という授業を行った。こちらは、防災や平和、幸福といった抽象的で難解なテーマを設定し、とことん議論して答えを見つけていくというもの。テーマに対する課題発見から始め、視点となるコンセプトを定めて、解決プランを導き出すというワークショップ形式のデザインシンキングの授業だ。「ビジョンを形にして相手に伝えるプロセスこそがデザイン。デザインをうまく活用すれば、世の中を変えられるほどパワフルなものだと伝えたい」

デザインの力を信じて、社会に働きかけ続けてきた佐藤だからこそ、その言葉は力強い説得力をもつ。

「デザインはそれを専門とする人だけが扱うものだと思われていますが、音楽やスポーツのように一般化すれば、もっと社会に働きかけることができるはず」

こうした思いの強い佐藤にとって、教壇に立ってデザインの力を伝えることは、非常に意義深いミッションでもある。佐賀県立有田工業高校では、デザイン科の生徒たちに向けて、約2年にわたり特別講義を行った。課題研究のテーマ決めから制作、中間発表、最終発表まで、佐藤は自らの経験を元にきめ細かくアドバイスし、「スキルよりも、新しい視点を見つけてもらうことを心がけました。常識にとらわれず自由に考えることが、クリエイティブの本質だと思うからです」。

［上］2012年からのSFCでの授業は、『世界が変わる「視点」の見つけ方 未踏領域のデザイン戦略』（集英社新書）として書籍化され、評判を呼んだ。［下］佐藤の「ARITA 400project」が縁となった有田工業高校での講義は2018〜2020年に行われ、「デザインで有田を元気にする」というミッションが生徒たち自身も奮起させた。

慶應義塾大学SFC 未踏領域のデザイン戦略　2012～2019

有田工業高校特別授業　2018～2020

協力　SAMURAI

文・編集協力　高瀬由紀子（p.8~22、p.37、p.78~85、p.114~130、p.186~189、p.194、p.200~201、p.236、p.244~252）
斉藤典貴（p.28~34、p.228~233）、泊 貴洋（p.38~56、p.140~148、p.180~182）
岩崎香央理（p.62~76、p.86~96、p.110、p.132~139、p.150~170、p.218~227）、深澤慶太（p.210~215）

写真　瀧本幹也写真事務所（p.15、p.26~27、p.30~33、p.67、p.71、p.75~76、p.79~81、p.85、
p.124［右下］、p.125［左上から2番目］、p.139、p.146、p.147［上］、p.188［上・右中］、p.202~207）
太田拓実（p.11、p.36~37、p.54~55、p.57~59、p.120［下］、p.121［上］、p.128~129、p.144~145、
p.171~173、p.176~179、p.182、p.195［中・下］、p.247、p.249~251）、MP Creative（p.9、p.12）
Gregory Goodson（p.9、p.12）、Surface to Air Studio（p.13）、新建築社写真部（p.16［上・中］、p.17［右下］）
ナカサアンドパートナーズ（p.16［下］、p.17［上・左下］、p.119、p.120~121［中、左下］、p.123~125、p.181［上］、
p.183、p.197）、加藤アラタ（p.18）、河内 彩（p.20）、片村文人写真事務所（p.23~25、p.27［左下］）
はやしさちお（p.37［右下］、p.40~41、p.42［下］、p.69、p.84、p.85［左上］、p.120［左上］、
p.127、p131［下］、p.141~142、p.165［左中］、p.168~169、p.187）
堂谷健悟（p.37［左下］）、大林章二（p.42［上］、p.111、p.163~165、p191）、青山たかかず（p.43）
矢野紀行写真事務所（p.51［上］、p.59［下］、p.196［上・中］）、亀井友吉（p.51［上から2段目］）
数井啓介写真事務所（p.51［下から2段目］）、皆川 聡（p.66、p.94~95、p.139、p.188［左中］、p.195［上］）
加藤正博（p.77）、蓑田圭介（p.87~91、p.196［下］）、カノウカメラ（p.97~105）、Elaine Constantine（p.115）
エンライトメント（p.116~117）、森本菜穂子（p.131［上］）、アマナ（p.149）、No.2（p.149［左下］）
松本啓之亮（p.159）、小林恵介（p.160［下］、p.161［右下］）、村田昇事務所（p.174~175）、長谷良樹（p.201）
ジェイ・ビエラク（p.215［下］）、青野 豊（p.220~221、p.229~231）、齋藤誠一（p.240［右上から2番目、中上から2番目］）
千葉顕弥（p.251［下］）、濱谷幸江（p.253［上、中左2点、左下］）

写真提供　東京都交響楽団、東北新社 SIGHT PROJECT MANAGEMENT、竹中工務店
慶應義塾大学湘南藤沢キャンパス、佐賀県立有田工業高等学校

写真協力　アフロ

ブックデザイン　SANKAKUSHA

カバーデザイン　SAMURAI

pen BOOKS
新1冊まるごと佐藤可士和。[2000-2020]

2021年2月16日　初版発行

編　者　ペン編集部
発行者　小林圭太
発行所　株式会社 CCCメディアハウス

〒141-8205　東京都品川区上大崎3丁目1番1号
電話　03-5436-5721(販売)
03-5436-5735(編集)
http://books.cccmh.co.jp

印刷・製本　大日本印刷株式会社

ISBN978-4-484-21201-2